これからを生きる子どもたちへ

とっておきの 道徳授業18

実力はエース級 盤石の道徳授業30選

佐藤幸司 編著

抜群の説得力！
＋
コロナに負けない
きれいな心を

日本標準

　2020（令和２）年３月，私たちは，全国の小中学校・高校などが一斉に休校になるという未曽有の事態を経験しました。再開後の学校現場では，各教科の授業時数をどう確保するのかが，最優先課題となりました。

　けれども，いくら授業時数が厳しいからといって，道徳授業がおろそかになってはなりません。むしろ，先行きが不透明な日々であるからこそ，子どもたちの健やかな成長のために，道徳授業が果たすべき役割が，ますます重要になってきます。

　新型コロナウイルス感染症の対応に追われるなか，新しい教育課程が全面実施されました。道徳科教科書も（平成30年度版は２年間の使用でしたが），各教科の教科書に合わせて改定されました。今も，学校生活には，さまざまな制限があります。しかし，私たちは学びを止めることなく，感染予防に細心の注意を払いながら，教育活動を進めていかなければなりません。

実力はエース級！　盤石の道徳授業30選

　これが，『とっておきの道徳授業』シリーズ18巻目となる本書のテーマです。

　背番号18は，プロ野球のエースナンバーです。また，十八番は「おはこ」とも読み，「最も得意な技」を意味します。収めたのは，「道徳のチカラ」の同志による実力派の道徳授業30本です。

　今回，エース級の実力の証として２つのテーマを組みました。

第Ⅰ部のテーマ　教科書になった「とっておきの道徳授業」

　道徳科教科書には，『とっておきの道徳授業』シリーズから，たくさんの教材が取り上げられています。教科書教材になった原実践にさらに磨きをかけ，バージョンアップさせた授業記録を，低・中・高学年から５本ずつ（計15本）掲載しました。

第Ⅱ部のテーマ　コロナに負けないきれいな心

　コロナ禍の今だからこそ，コロナに正対する授業（vs.コロナ）と，コロナと共存していく授業（withコロナ）が必要です。vs.とwith，それぞれ５本ずつ（計10本）の授業記録を掲載しました。もちろん，すべて開発教材を使ったオリジナル実践です。そして，最終章には，vs.／withコロナを越えて，きれいな心を耕すために，いつの時代にも子どもたちの心に響く「これぞ十八番！」の実践を５本厳選しました。

　これからを生きる子どもたちに贈るとっておきの道徳授業。
　ぜひお読みください。
　きっと道徳の時間が待ち遠しくなることでしょう。

　2021年２月

佐藤幸司

● 目 次

第Ⅰ部

第1章 ●解説編● 教科書になった「とっておきの道徳授業」…7

第2章 ●実践編● 低学年教科書 …13

第3章 ●実践編● 中学年教科書 …35

第4章 ●実践編● 高学年教科書 …57

この本の使い方（特長）【実践編】のページ

学習指導要領の内容項目に対応しています。

学年は，一応の目安として考えてください。それ以外の学年でも実施可能な実践がたくさんあります。

なぜこの授業をするのか，どんな授業をつくりたいのか，教師の思いや授業の主張が簡潔に述べられています。

高品質な道徳であるための一番の特長や，効果的な指導時期・他の教育活動との関連などを明記しました。

確かな手応えを感じるようにするための展開の工夫やこの授業の長所，留意点などを示しました。

1ページ目

指導案ではありません。授業の展開例でもありません。実際の授業の様子を追実践可能な形で記しました。「授業の事実で語る」本書の理念を具現化したページです。発問・指示・子どもの動きが，具体的に書かれています。

2ページ目　　　3ページ目

●そのまま使える資料や学習プリントの内容を掲載したページもあります。

●子どもの感想を読むと，授業のイメージが，より具体化します。
　　　　など

学習の様子を肯定的に記述した，評価のための**所見文例**です。

教材を開発し，授業を実施し，執筆しました。

4ページ目

第Ⅰ部

第1章

解説編

教科書になった
「とっておきの道徳授業」

1. 道徳教材のルーツ,ここにあり！

道徳の教科書を開くと,お話や写真,マンガなど,いろいろな教材が載っているね。

今は多様な教材が認められるようになりましたが,「道徳授業では,読み物資料（創作資料）を使うのが当然」と考えられていた時期もありました。

● "縛り" を生み出した誤った風潮

2018（平成30）年度からの道徳科全面実施に伴い,全国の小・中学生に教科書が無償給与されました。

それ以前は,多くの学校では,教科書や教材の出版社から発行されていた副読本が使用されていました。副読本はドリルやワークテストと同じように有料ですので,保護者から集金した「教材費」から支払われるのが一般的でした。その他には,文部科学省が編集した「読み物資料集」や「心のノート」,教育委員会作成の郷土資料などもありました。

これらの資料には,次のような共通点がありました。

①読み物資料であること。
②創作資料であること。
③実話として取り上げるのは,歴史上の偉人や他界された方であること。

道徳が教科化される前も,「教材の開発」は推奨されていました。

先人の伝記,自然,伝統と文化,スポーツなどを題材とし,児童が感動を覚えるような魅力的な教材の開発や活用を通して,児童の発達の段階や特性等を考慮した創意工夫ある指導を行うこと。
（旧:「小学校 学習指導要領」p.106 平成20年3月告示,文部科学省）

学習指導要領には,法的な拘束力があります。「魅力的な教材の開発や活用」について明記されているのにもかかわらず,かつては「読み物資料しか使ってはいけない」というような誤った風潮があったのです。

●道徳教材開発のさきがけ

私たち「道徳のチカラ」のルーツは,1989年,深澤久氏（当時：群馬県小学校教師）が立ち上げた「全国ネット・道徳授業記録」略称㊑（マルどう）にあります。

1987年9月,深澤氏は,教育委員会の計画訪問の際に,「命の授業」を行いました。この授業では,「人体成分表」と「いじめ自殺を報じた新聞記事」が資料として使われました。それまで行われていた道徳授業とは一線を画す,開発教材を使った道徳授業のさきがけといえる授業です。

そして,1990年2月に「命の授業」の全授業記録が掲載された深澤氏の著書『命の授業─道徳授業の改革をめざして』が明治図書から発刊されました。

『命の授業』に続き,翌1991年には,内海俊行氏（当時：宮城県小学校教師）による『福祉の授業─「タメ・ホンキ・マネ」の三つのキーワードを求めて─』が発刊されました。書籍のシリーズ名も「道徳授業改革双書」と決まり,新しい道徳の授業実践が全国へと発信される土台ができてきました（インター

ネットがなかった時代です)。

　今でこそ，福祉関係の教材が教科書にも掲載されていますが，当時の道徳で福祉関係の授業を行おうものなら，「これは道徳ではない」と指導（非難？）されたものです。内海氏は，この著書の中で，副読本には「体の不自由な人についての理解を深めるような話」がほとんど取り上げられていないことを指摘しています（p.17）。

　内海氏の実践には，もう一つ大きな特長があります。それは，4コマ漫画を資料として授業をつくったことです。私が知るかぎり，道徳授業に漫画を持ち込んだのは，内海氏の実践が初めてです。

　同じく1991年，鈴木健二氏（当時：宮崎県小学校教師）の『ノンフィクションの授業』が発刊されました。新聞報道や社会事象を取り上げた道徳授業です。鈴木氏の著書によって，道徳授業におけるノンフィクション資料の有効性が広く認識されるようになりました。

　なにやら先陣争いのような話になってしまい恐縮ですが，絵本を資料とした道徳授業を行ったのは，私が最初です（おそらく……）。同シリーズの「13」として，1996年に私の著書『温かいネタによる「道徳」教材開発』が発刊となりました。この著書の中で，図書（絵本）を道徳教材にすることの有効性を主張しています（p.156）。現在は，特に低学年向けの資料として，絵本が用いられることが多くなりました。教科書にも，絵本をもとにした教材が多数掲載されています。けれども，私が絵本を道徳資料として使い始めたころは，「絵本は，副読本資料と違い，『ねらい』がはっきりしない」という理由で否定されることがよくありました。

●教科書のステージへ

　2020（令和2）年度版小学校道徳科教科書は，全8社から発行されています。

　各社の教科書をめくると，『とっておきの道徳授業』シリーズで紹介してきた資料が目に留まります（確認したところ，関連する教材を含めると，その数延べ66本に及びます）。

　これからも，『とっておきの道徳授業』シリーズから発信した実践が，教科書のステージに続々と上がっていくことでしょう。教科書教材も，最初は誰かがつくったのです。その「製造元」が教室現場であるのなら，それはむしろ好ましい状況であるといえます。

　今回，『とっておきの道徳授業18』では，第Ⅰ部として，**教科書になった「とっておきの道徳授業」**を取り上げました。教科書教材を使う際に，ぜひ，そのオリジナル実践に触れてみてください。そして，子どもたちがホンキになって学ぶ授業づくりに役立てていただきたいと思います。

ますます道徳の勉強が面白くなりそうだね。楽しみだな！

〜 ここが 肝心 〜

①現在，全8社から発行されている道徳科教科書には，『とっておきの道徳授業』シリーズから生まれたもの（または関連するもの）が多数掲載されている。
②授業の準備を行うときは，「教師用指導書」だけでなくオリジナル実践にも触れてみる。すると，教材分析が深まり，授業の質的転換への足がかりとなる。

2. 授業づくりの3工程

どうやってこの授業ができたのかな。つくり方のコツはあるの？

一つの授業が出来上がったとき，その流れを逆にたどってみる。すると，見えてくる工程がある。

●3つの工程を意識する

何かをつくり出すときには，計画的・能率的に作業を進めるための手順や段階があります。それが，工程です。

読者の先生方は，自作教材で道徳授業を行ったときのことを思い出してみてください。おそらく，どの授業も，次の3工程を経てつくられたはずです。

工程1　素材（ネタ）との出合い
↓
工程2　資料への加工
↓
工程3　教材への加工

まず，素材（ネタ）との出合いがあります。この出合いは，ほとんどの場合，偶然にやってきます。「これは道徳授業で使えそうだ」と直感したときが，出合いの瞬間です。

次に，資料への加工をしなければなりません。素材は，多くの場合，そのままでは子どもに提示することができません。よく使われる素材に，新聞記事があります。新聞記事は，大人の読者を想定して書かれてあるので，子どもにわかりやすいように簡単な表現に書き換えたり，授業で使いやすいように写真を拡大コピーしたりします。こうして，素材が資料になります。

最後に教材です。資料が出来上がっても，それをどのように使うのかが決まらなければ授業はできません。資料をどの場面で提示するのか。そのとき，どんな発問・指示をするのか。それが決まって，初めて授業の全体像が見えてきます。つまり，資料を指導過程と共に示したものが教材なのです。

道徳が教科化される前は，「教材」よりも「資料」という言葉がよく用いられていました。これは，「道徳授業での教え込みはよくない」という考えから，教材（教えるための材料）という言い方が敬遠されていたようです。道徳の学習指導案でも，「資料について」という項目がありました。

道徳が特別の教科になってからは，「教材」という言い方が使われるようになりました。けれども，「特別の教科になったから，これからは資料ではなく教材と呼びましょう」というような単純な話ではないのです。

道徳の授業づくりでは，「素材→資料→教材」という3工程をはっきりと意識するようにしましょう。

なるほど，そういうことか！

●自分の感性を信じる

　3工程のなかで，最も重要なのは，どの段階でしょうか。

　あえて1つ選ぶとすれば，それは工程1「素材（ネタ）との出合い」の段階です。

　もちろん，授業づくりにおいて，それぞれが大切な段階です。しかしながら，工程2「資料への加工」や工程3「教材への加工」の技は，経験を重ねればある程度は身についていきます。

　それに対して，素材の発見は，感性に関わる部分が大きくなります。経験と共に磨かれる感性もあれば，若いフレッシュな感性もあります。

　感性とは，価値あるものに気づく感覚です。同じものを見ても，気づく人とまったく気づかない人がいます。感性の違いによって，教材開発のスタートが異なるのです。

　本誌シリーズの編集をしていて思うのは，素材がいいものは「何とかなる」ということです。最初の授業記録に多少難点があっても，検討・修正を加えることによって，出版に値するだけのものに授業内容が改善されていきます。

　料理人の世界には，「素材七分に腕三分」という言葉があります。これは，道徳授業づくりにおいても同じのようです。

　では，そういう素材にどうしたら出合うことができるのでしょうか。

　それは，教師の思いにかかっています。

　「こんな子どもたちを育てたい」「こんな道徳授業をやってみたい」という思いをもっていると，素材は向こうから飛び込んでくるようになります。

●教科書を使った授業づくり

　子どもたちに届けられた道徳科の教科書は，すでに工程1と2を終了しています。すると，授業者がすべきは，工程3の作業ということになります。

　混乱を避けるため，教科書に収められている「お話」も，すべて「資料」ということで論を進めます。

　教科書会社で作成した「教師用指導書」には，授業の展開例（発問・指示，授業の流れ）が示されています。これを教科書の資料と併せて使えば，工程3は終了します。

　「教師用指導書」にあるのは，ごく一般的な指導展開例です。参考にするのはよいのですが，そこに一工夫のアレンジが必要です。

　資料提示の仕方（見せ方や読ませ方）や発問・指示，そして，授業全体の流れをどうすれば魅力的な授業になるでしょうか。授業を受ける学習者（子どもたち）の立場になって考えてみてください。

先生が楽しい授業をやってくれたら，道徳がますます好きになりそう！

～ ここが 肝心 ～

①どんな子どもを育てたいのか。どんな道徳授業をやってみたいのか。教師としての思いをもつことが，授業づくりの出発点である。

②教科書を使うときには，工程3（教材への加工）が大事。「教師用指導書」は参考程度に。自分が思い描く授業づくりを進める。

3. バージョンアップ！

同じ資料を使っても，最初とは違う授業になることもあるのかな？

道徳授業も，時代に合わせて日々進歩していかなければなりません。「これからを生きる子どもたち」のために，バージョンアップしました！

●ダブルメインの教材として

第Ⅰ部・教科書になった「とっておきの道徳授業」では，オリジナル実践者が，最初の実践に改良を加え（バージョンアップし），本書のために原稿を新たに書き下ろしました。

今回，次の2点を編集の基本としました。

・既刊の再録にはしないこと
・教科化時代にあった授業内容にバージョンアップさせること

そして，低・中・高学年から5本ずつ，計15本の授業実践記録を収めました。

もちろん，数年～20年前の実践であっても，本質的な道徳的な価値は変わりません。内容項目の表記や位置づけ，4つの学習活動（道徳的諸価値の理解，自己を見つめる，多面的・多角的な考え，自己の生き方）を意識した授業構想などは，「特別の教科 道徳」に合わせてバージョンアップしてあります。

教科書教材と関連づけて，ダブルメインの教材として活用してください。

●教室現場からの創出を

与えられた教科書をどう使うのか。これも，教科化時代の道徳には必要な視点です。

けれども，それは受け身の姿勢です。教師が主体的に授業に向かわなければ，子どもたちの主体性を育てることはできません。

まず，われわれ教師が子どもたちへの思いを込めた道徳授業をつくり出し，それを全国に発信していきましょう。優れた授業記録は，『とっておきの道徳授業』に掲載され，やがて教科書にも取り上げられていきます。

教科化によって道徳授業の量的確保（年間35時間の実施）はある程度達成されました。次は，質的転換です。そのためには，教室現場からの魅力ある授業の創出が不可欠なのです。

先生たちもがんばっているんだね。ぼくも，負けずにがんばろう！

～ここが肝心～

①大切にしたい心の在り方は，いつの時代にも変わらない。時代の変化に応じた授業改善――それが，道徳授業のバージョンアップである。
②道徳授業ができるのは，われわれ教師だけである。誇りをもって，道徳授業づくりを主体的に進めていく。

第Ⅰ部

第2章

実践編

低学年教科書

第Ⅰ部

第2章

実践編

低学年教科書

第2章の内容

1. てのひらを太陽に

2. 笑顔をつなぐ三陸鉄道

3. ダメ！

4. 願いのこもった行事食

5. ふわふわ言葉・チクチク言葉

1.てのひらを太陽に

<関連する主な内容項目>　A　希望と勇気，努力と強い意志

☆原実践　『とっておきの道徳授業8』(2009年8月初版)

　てのひらを光に照らしてみてください。真っ赤な血潮が見えますか。
　たとえ死んでしまいたいほど落ち込むことがあったって，体の中では，真っ赤な血が休むことなく流れ続けています。
　だから，元気を出して進まなきゃ！　自分よ，がんばれ！
　誰もが一度は口ずさんだことがある名曲「てのひらを太陽に」には，やなせたかしさんのこんな気持ちが込められています。
　自分への応援歌を歌って，元気に前に進みましょう。(p.9より)

教材　• 歌詞「てのひらを太陽に」やなせたかし：作詞
　　　• 講談社学習コミック　アトムポケット人物館12
　　　『やなせたかし　アンパンマンの生みの親』
　　　高見まこ：画　圷紀子：作　やなせスタジオ：監修（講談社）

写真提供：
やなせスタジオ

これぞ
エース級の実力！

■ 命があるから 希望がある

　「てのひらを太陽に」を用いた教材は，学研1年・光文1年・日文2年，3社の教科書に掲載されています。学研の内容項目は「A　個性の伸長」（発展教材「ひろげよう」），光文・日文は内容項目「D　生命の尊さ」として構成されています。本実践では，やなせさんが自分のてのひらの血潮を見て，「希望をもって生きていかなければ」と考えた場面に焦点化し，内容項目は「A　希望と勇気，努力と強い意志」に位置づけています。命があるからこそ，希望をもって生きていける……という多角的な視点で学習することができます。

■ 自分を励ます応援歌として

　アンパンマンは，「ひもじさを救うのが正義」というやなせさんの考えから生まれました。そのやなせさんが，なぜ「生きているから　かなしいんだ」という言葉を1番の歌詞に書いたのでしょうか。
　人生，楽しいことばかりではありません。ときには，くじけそうな壁にぶつかることもあるでしょう。でも，私たちの体の中では絶え間なく真っ赤な血が流れています。ミミズも，オケラも，アメンボも，みんなこの地球で一緒に生きています。自分自身への応援歌として，元気よく「てのひらを太陽に」を歌いましょう。

指導目標

歌詞「てのひらを太陽に」に込められた思いを知り、希望をもって元気に前に進もうとする意欲をもたせる。(道徳的実践意欲)

準備するもの

・教材「てのひらを太陽に」の歌詞
・歌詞に出てくる生き物のイラスト
・教材　漫画『やなせたかし』(p.18に掲載)(配付用)
・懐中電灯または電気スタンド(てのひらをライトで透かしてみるため)
・短冊(配付用)

授業の実際

「最初に、クイズです」
と言って、「ミミズ・アメンボ・オケラ」のイラスト提示する。

〈1〉

「これは、なんでしょう」と聞いたところ、ミミズとアメンボはすぐに出されたが、オケラのところでは、「コオロギ、ヤゴ、バッタ」という返答だけだった。ここは、答え(オケラ)を教えた。

同じようにして、〈2〉(トンボ・カエル・ミツバチ)の名前当てクイズを行った(時間の都合上、3番の歌詞は扱わなかった)。

イラストを計6枚黒板にはって、次のように聞いた。

❶6枚の絵全部に、同じことがあります。それは、何でしょう。

子どもたちからは、
・小さい虫たち。
・飛んだり、泳いだりする生き物。
という返答があった。これらの発言を受けて、生き物のイラストを色チョークで囲み、

【生きている】とまとめた。

「この生き物たちが出てくる歌を知っていますか」と聞いたところ、
「あっ、知っている」
「ぼくらはみんな　生きている～♪」
という声(歌声)が聞こえた。

❷この歌の名前(題名)を知っている人は立ちましょう。

ほとんどの子が起立した。
「歌の名前をいっしょにどうぞ」と言うと、「てのひらを太陽に」と「ぼくらはみんな生きている」の両方の声が返ってきた。

正解は「てのひらを太陽に」であることを伝え、題名と1行目の歌詞「ぼくらはみんな生きている」を黒板に書いた。

「歌の言葉」を「歌詞」ということを話して、黒板の端の方にルビを振って書いた。

続けて、2行目の歌詞を黒板に書いた。

> 生きているから　うたうんだ

みんなで歌う歌詞なので、最初に「歌うんだ」となっていることを確認した。

「みなさんは、生きているから、いろいろなことができるのですね」
と話してから、次の指示をした。

❸「生きているから [　　　　　]」 [　　　　　] の中に、自分で考えた言葉を入れましょう。

無地の短冊を配り、自分の考えを鉛筆で書き、その後、ネームペンでなぞった。出来上がった短冊から、黒板にネームカード(マグネット)ではった。短冊には、次のような言葉が書かれていた(本文では漢字で表記)。

・学校に来るんだ。　・ご飯を食べるんだ。
・笑うんだ。　　　　・ゲームができるんだ。
・泳ぐんだ。　　　　・走るんだ。
　楽しい内容が多かったが，
・こわいんだ。　　　・けんかをするんだ。
と書いた子どももいた。
　短冊をはり終えたら，全員で自分の言葉を
入れて声に出して読み，次のように聞いた。

❹この歌詞を作った人（作者）は，誰だか知っていますか。

　作者は知らないようだったので，
「スペシャルヒントです」
と言って，アンパンマンの絵を提示した。
「やなせたかしさん！」
という声が子どもたちからあがった。

❺やなせさんは，□□□□□□の中にどんな言葉を入れたでしょうか。

　数名の子どもに想像した言葉を発表させた後，
「この歌は，みなさんの道徳の教科書にも載っていますよ。探してみましょう」
と話した（学研1年と光文1年は1番のみ，日文2年は3番までの歌詞が掲載されている）。
　すると，最初に見つけた子どもから，
「かなしいんだ！」
という返答があった。そこで，黒板に

　　　　生きているから　かなしいんだ

と書いた。

❻やなせさんの「かなしいんだ」という言葉と自分が書いた言葉を比べてみましょう。

　「似ている人は，いますか」と問うと，さきほど（発問❸），「こわいんだ」「けんかをするんだ」と短冊に書いた子どもが挙手をした。
「どんなところが似ていますか」
と聞いたところ，
・こわいと「だれか助けて」と思って，悲しい気持ちになる。
・けんかをすると後で悲しくなるから。

という発表があった。
　「では，自分の考えと違うな，という人は？」
と聞くと，残り全員の子どもたちの手が挙がった。どんなところが違うのかを聞いたところ，
・ぼくは「笑う」と書いたから，やなせさんの「かなしい」とは反対の意味。
・私は楽しいことを書いたけど，やなせさんは「かなしい」と書いた。
という発表があった。

```
━━ バージョン UP! ━━
　自分の言葉と対比して考え，「なぜや
なせさんは『かなしい』と書いたのか？」
という子どもの問いを引き出す。同時
に，自分がこの言葉を書いた理由を考
ることが，自己を見つめる学習につな
がっていく。
```

❼やなせさんは，どうして「かなしいんだ」という言葉を書いたのでしょうか。

　次のような考えが出された。
・家族が病気になった。
・友達とすごいけんかをした。
・前に，嫌なことがあって忘れられない。
　やなせさんの気持ちをよく想像していることをほめてから，次のように話した。
「やなせさんのお仕事は何ですか」
「漫画家」
「じゃあ，漫画家が一番つらいことって，どんなことだろう」
「漫画が売れない（読んでもらえない）こと」
　ここで，教材（漫画）を配った。
　子どもたちは，集中して読んでいた。読み終えた後，準備しておいた懐中電灯でてのひらを照らして次のように話した。
「こうして見たら，赤い血が見えたのだそうです。流れる血のことを血潮といいます。やなせさんは，自分の血潮を見て，『自分は生きているんだ。がんばって目標に向かって生きなくちゃ』と思ったのですね」
　最後に，みんなで「てのひらを太陽に」を元気に歌って授業を終えた。

●教材

講談社学習コミック アトムポケット人物館12『やなせたかし』p.84〜85
© 高見まこ・圷紀子・手塚プロダクション／講談社

●アンパンマンとの連続授業を

　本実践の前に「アンパンマン」の授業を行うと，「てのひらを太陽に」誕生の背景ややなせたかしさんの歌詞への思いなどに対する理解が深まる。

　※参照『とっておきの道徳授業3』p.143,『とっておきの道徳授業6』p.9

　やなせさんは，「ひもじさを救うのが正義」と語っている。目の前で餓死しそうな人がいるとすれば，その人に一片のパンを与えることが正義。その思いから誕生したのが正義の味方アンパンマンなのである。

所見文例

◆ この授業で この言葉を ◆

　「てのひらを太陽に」の歌詞に込められた思いについて話し合ったときには，自分がくじけそうになったときのことを振り返ったり，これからの目標を考えたりしながら，友達と意見交流をしました。（自己を見つめる）

（山形県　佐藤幸司）

2.笑顔をつなぐ三陸鉄道

<関連する主な内容項目>　A　希望と勇気，努力と強い意志

☆原実践　『とっておきの道徳授業15』（2018年3月初版）

　2011年3月11日の東日本大震災は，三陸鉄道にも大きな被害をもたらしました。いくつかの駅は跡形もなく壊れ，線路も107.6kmのうち5.8kmが流出してしまいました。復旧は無理だろうと思われていたなか，地域の方々の願いや当時の社長・望月さんたちの熱意によって，三陸鉄道は約3年で全線運行再開することができました。

　三陸鉄道の復旧に向けたたくさんの人々の取り組みから，希望に向かって進もうとする強い意志を学ぶ授業です。（p.21より）

教材　・「笑顔をつなぐ三陸鉄道」　前三陸鉄道株式会社　代表取締役社長　望月正彦氏のインタビュー
（『どうとくのひろば』No.16より）2017年1月31日（日本文教出版）

こころのひろば
笑顔をつなぐ三陸鉄道

これぞ
エース級の実力！

■ 実話から学ぶ希望

　三陸鉄道の復旧を題材にした教材は，日文1年の教科書に掲載されています。内容項目は，地域の人々の願いに焦点を当て，「C　伝統と文化の尊重，国や郷土を愛する態度」に位置づけています。オリジナル実践では，中学年（3年生）で授業を実施しました。今回は，終末で絵本の読み聞かせを取り入れて，低学年向けにアレンジしました。

　子どもたちは，三陸鉄道の復活に携わったたくさんの方々の実話から，希望をもって進むことの大切さを学びます。

■ 3月11日を忘れない

　本時の主な内容項目は「A　希望と勇気，努力と強い意志」ですが，どの視点から授業を展開するかによって，いくつかの内容項目が関連してきます。内容項目の枠にとらわれることなく，大震災を乗り越えて歩みを続ける人々の姿に共感し，そこから何を学ぶべきなのか考えさせてください。

　3月11日を，自分の生き方をしっかりと見つめる日にしていきたいと思います。

指導目標

　三陸鉄道の復旧に込められた人々の決意と想いに触れ，困難を乗り越えて希望に向かって進もうとする態度を養う。（道徳的態度）

準備するもの

・教材1〜3「笑顔をつなぐ三陸鉄道」（p.22に掲載）
・島越駅の写真（提示用）
・三陸鉄道の場所を確認する地図（提示用）
・『はしれ　ディーゼルきかんしゃデーデ』（すとうあさえ:文　鈴木まもる:絵／童心社）

授業の実際　　※授業の実際は2020年時のもの

　「この写真を見てください」
と言って，島越駅の写真を提示する。

※文字の部分は伏せておく

❶写真を見て気づいたことを発表しましょう。

　列ごとに指名して，全員に発表させた。
　出された意見を内容（列車や駅と人たち）で分けて板書した。
〈列車や駅〉
　・どこかのえき　　・でんしゃのおまつり
　・あたらしくできたえきとでんしゃ
〈人たち〉
　・手やはたをふったりしている。
　・みんなよろこんでいるみたい。
　・「いってらっしゃい！」っていっている。
　「まわりには何が見えるかな」

と尋ねたところ，「木がたくさんあるから，山の中を走っている電車かもしれない」という発表があった。
　全員の発表が終わったら，
　「この駅は，島越駅といいます」
と話し，地図でおおよその場所を示した。
　島越駅は，三陸鉄道の駅で，岩手県の田野畑村にあることを伝えた。子どもたちからは，
　「海の近くの駅なんだね」
という声が聞かれた。

❷今から9年前，この地域では大変なことがありました。知っていますか。

　1年生（6〜7歳）が生まれる前のことである。すぐに「知っている」という反応があるのかと思っていたら，「何かな……」と考えている様子であった。
　少しすると，「地震？」「津波？」という声が聞こえた。
　そこで，「2011年に東日本大震災と呼ばれる大きな地震があったこと」「大きな津波がきて，すごい被害があり，たくさんの人が亡くなったこと」「建物も流されて，駅や線路も被害に遭ったこと」を話した。
※教科書（日文1年，p.119）の写真を提示して説明するとよい。
　ここで，震災前の島越駅の写真を三陸鉄道株式会社のホームページから提示した。子どもたちから，「きれいな建物だね」という声が聞こえた。

写真提供：三陸鉄道株式会社

こんなにきれいな駅舎が津波で流されてしまったことを話した後，新駅舎の写真を提示した。

写真提供：三陸鉄道株式会社

さらに，田野畑村観光情報のホームページから島越駅近くにある「島越ふれあい公園」の写真を見せ，復興が進んだ様子を伝えた。

──バージョン **UP!**

　原実践は，3年前のことである。復興は日々進んでいる。ノンフィクション教材を扱うときには，最新の情報を集めて授業を実施する。

　2つの写真を比べながら

「三陸鉄道の全部の線路が再開するまで，どのくらいの時間がかかったと思いますか」と問いかけたところ，「今年（2020年）になってからやっと再開した」と想像した子が多かった。

ここで，教材1を読んで聞かせた。三陸鉄道は，被害にあった2011年の3月中に全線の3分の1にあたる36.2kmを復旧，3年後の2014年4月には全線が運行を再開している。

子どもたちは，その月（3月）のうちに3分の1の鉄道が復旧したことに驚いた様子であった。

❸こんなに早く電車が走れるようになったのは，どうしてだと思いますか。
　・鉄道の会社の人たちが，みんなのために一生懸命にがんばったから。
　・会社じゃない人たちも，仕事を手伝ったから。

・みんなで力を合わせてがんばったから。
みんなの想いが一つになって復旧が進んだことを確認した後，

「三陸鉄道の望月社長さんが，インタビューのなかでこんなことを話しています」と言って，教材2を読み聞かせた。難しい表現は，平易な言葉にしたり説明を加えたりしながら読み聞かせた。

「復興は無理では？」と思われていた時期に駅舎の清掃や周辺の除草をしていた住民の方々の姿に，心を打たれるエピソードである。

続いて，教材3の最初の一文「……住民の皆さんの中にボードを掲げている女性の方がいました」を読んで，次のように聞いた。

❹ボードには，何と書かれてあったでしょうか。
用紙を切った短冊を配り，「ボード」ということにして書かせた。子どもたちは，次のような言葉を書いた。
　・ありがとう。　　・はやくのりたい。
　・うれしいよ。　　・またいっしょだね。
発表させた後，教材3の続きを読んだ。ボードに書かれていたのは「おかえり」だったことを知らせたときに，子どもたちは「え，そうなんだ」「なるほど」と，自分たちもうれしそうな反応だった。

❺どうして「おめでとう」でも「ありがとう」でもなく「おかえり」なのでしょうか。
子どもたちからは，次の発表があった。
　・電車が帰ってくるのをすごく楽しみにして待っていたから。
　・「これからもよろしくね」と言いたかったから。
最後は，絵本の読み聞かせである。

❻東日本大震災のときにがんばったディーゼル機関車の話を聞きましょう。
子どもたちを教室前方に集めて，絵本『はしれ　ディーゼルきかんしゃデーデ』を読み聞かせ，特に感想などは聞かずに，余韻を残して授業を終えた。

●教材1

　2011年の東日本大震災は，三陸鉄道にも大きな被害をもたらしました。北リアス線の島越駅はあとかたもなく流出し，線路も107.6kmのうち5.8kmが流出してしまいました。

　私は震災の被害を，そして地域の皆さんが途方に暮れている姿を目の当たりにし，鉄道の運行再開を優先することを決定しました。そして，沿岸市町村や自衛隊などの協力をいただき，3月中に全線の3分の1にあたる北リアス線の一部36.2kmを復旧しました。

　2011年4月に，3年で全線運行を再開させる復旧計画を立て，国などの支援をいただきながら復旧工事を進めました。工事は順調に進み，計画通りに2014年4月に全線運行再開することができました。

●教材2

　震災から2カ月が過ぎた5月のある日，私は北リアス線の被災状況を調査するため，田野畑駅に行きました。駅舎はかろうじて残っていましたが，周辺の家々は津波で流出し，線路も寸断されていました。しかし，駅には駅舎の清掃と周辺の草取りをする多くの住民の姿がありました。復旧についてまだ何も決まっていない，いやむしろ鉄道の復旧はもう無理だろうと思われていた時期のことでした。その姿を見たとき，私は思いました。「この人たちのために何とかして鉄道を復活させよう」と。

●教材3

　いよいよ南リアス線の運行が再開した日，甫嶺駅（ほれい）に集まってくださった住民の皆さんの中にボードを掲げている女性の方がいました。ボードに書かれていたのは「おめでとう」でも「ありがとう」でもなく，「おかえり」でした。翌日の北リアス線運行再開の日に，島越駅周辺で一軒だけ残った家に掲げられたボードに書かれていたのも「おかえり」でした。さらに三陸鉄道が全線運転再開したその日は，26ある三陸鉄道の駅に多くの住民の皆様が集まり，大漁旗を振って，大歓声とともに笑顔で祝ってくれました。

こころのひろば
笑顔をつなぐ三陸鉄道

※教材1〜3は，「笑顔をつなぐ三陸鉄道」（『どうとくのひろば』No.16，表紙裏-p.1，日本文教出版）を授業者が一部改変

所見文例

◆ この授業で この言葉を ◆

　三陸鉄道の復旧を題材にした学習では，住民の方々の想いや復旧のために努力を続ける鉄道会社の皆さんの決意を知り，希望に向かってあきらめずに努力を続けることの大切さを考えることができました。

（山形県　佐藤幸司）

3.ダメ！

<＜関連する主な内容項目＞　A　善悪の判断，自律，自由と責任>

☆原実践　『**とっておきの道徳授業15**』（2018年3月初版）

「～してほしくない」「～してはダメ」というような言葉は，仲のよい間柄であっても伝えづらいものです。

しかし，がまんしていることだけがよいことでしょうか。

よくない状況を変えるためには，自分の気持ちを伝えることはとても大切なことです。自分の言葉によって相手から嫌われてしまうのではないか，ひどいことを言われてしまうのではないかと自分の気持ちをしまってばかりの子どもたちに，自分の気持ちを伝えることの大切さに気づかせようと思いました。（p.59より）

教材　・『**ダメ！**』
　　　くすのきしげのり：原作　いもとようこ：文・絵（佼成出版社）

これぞ
エース級の実力！

■ **自分自身の判断で気持ちを伝える**

　「ダメ！」を用いた教材は，東書1年・教出1年，2社の教科書に掲載されています。

　いずれも，内容項目は「A　善悪の判断，自律，自由と責任」として構成されています。本実践では，「無理をして自分の気持ちを伝えなくてもいいのでは？」と問い，「気持ちを伝えられたらどうか」と「気持ちを伝えられなかったらどうか」という両面から考えさせます。両面から考えさせることで，教師からの押しつけではなく，自分自身の判断で気持ちを伝えることのよさに気づかせることができます。

■ **より深い絆を！**

　この授業では，がまんをするだけでなく，積極的に自分の気持ちを伝えていこうという意欲をもたせることをねらいとしています。

　伝えづらいことも伝えられるようになれば，仲間との絆はより深くなります。「よいと思うことを進んで行うこと」は，仲間との信頼関係を深めるためにも大切なことです。

指導目標

がまんするだけでなく，遠慮しないで自分の気持ちを進んで伝えていこうとする意欲と態度を育てる。（道徳的実践意欲と態度）

準備するもの

・教材 『ダメ！』

授業の実際

授業開始と同時に，絵本4ページのりすくんのイラストを示す。

❶この絵を見て，何か気づいたことや考えたことはありますか。

・りすくんが何かを見て驚いてる。

・りすくんが困ってる。

・りすくんに何があったんだろう。

ユニークな考えを認めてほめて，多様な意見が出やすいような雰囲気づくりをした。

──── バージョン UP!

イラストの一部を提示することで，教材への興味や学習意欲をぐんと高める。問題場面に注目させることで，物語の内容へとつなげていく。

ある程度，意見が出たところで，

「りすくんに何があったんでしょうね」

と言って，くまくんがプリンを食べている部分も示した。

子どもたちは，くまくんの挿絵を見ると

「くまくんがりすくんのプリン食べちゃったんだ」「りすくんかわいそう」とりすくんの気持ちに共感していた。その後，

「この絵は，絵本の挿絵です。こんな題名がついています」

と言って，題名が『ダメ！』であることを伝えた。

「りすくんは，どうしてくまくんにプリンを食べられてしまったんだろうね」

と尋ね，食べられてしまった理由をきっかけに絵本の内容を知りたいという気持ちを高めて，読み聞かせをした。

> きのうのおやつは，りすくんの大好きなプリンだった。くまくんは，あっという間に自分のプリンを食べてしまって，りすくんに「りすくん，おそいなあ。ぼくが　てつだってやるよ！」と声をかけた。　（『ダメ！』p.5までの内容を授業者が要約）

❷りすくんは「りすくん，おそいなあ。ぼくが　てつだってやるよ！」と言われてどうしたと思いますか。

子どもたちから，次の意見が出された。

・「だめ！」とどなった。

・「遅いなんて言わないで！」と言い返した。

・「よけいなことしなくていい」とにらんだ。

子どもたちの多くは，絵本の題名が『ダメ！』ということから考えて，くまくんに対して「断る」というような反応を示した。

絵本の続き（p.5）を読み，りすくんが自分の気持ちを伝えられなかったことを知らせた。そして，

「りすくんが『ダメ！』と言えなかったことは，今回だけではないのです」

と言って，絵本の続き（p.6）を読んだ。

❸なぜりすくんは，いつもくまくんに自分の気持ちを言うことができなかったのでしょう。

次のような発表があった。

・くまくんにいじめられると思ったから。

・断る勇気がないから。

・気まずい雰囲気になるのが嫌だから。

　子どもたちの意見を受け止めたあと，次のように話した。

　「りすくんは，布団の中でこんなことを考えます。『プリンを食べられてとてもくやしかった。くまくんに"ダメ！"って言えなかったことは，もっとくやしかった。プリンを食べられて嫌だったことをくまくんにちゃんと言おう……。でも，つきおとされたらかなわないな。大声を出されてもかなわないな。けど，言わなかったら，もっとくやしいことがあるかもしれない。明日，くまくんに絶対に言おう……』」

❹相手（くまくん）がこわいなら，無理をして自分の気持ちを伝えなくてもいいんじゃないですか。今までみたいにがまんをして「うん，いいよ」ってゆずればいいんじゃないですか。

　自分の気持ちを伝えた方がいいと思う場合は〈○〉，伝えない方がいいと思う場合は〈×〉をつけさせ，理由も書かせた。

　少数であるが〈×〉をつけた子どももいたので先に発表をさせ，次に〈○〉の子の意見を聞いた。

〈×〉伝えない

・けんかになったら嫌だから。

・もっと，嫌がらせをされるかもしれないから。

〈○〉伝える

・気持ちを伝えないと，これから先もがまんをし続けないといけないから。

・伝えないと，気づいてもらえないから。

・くまくんのことを嫌いになりたくないから。

　交流を終えたところで，

　「りすくんは，くまくんに自分の気持ちを伝えられたようです。その後，りすくんとくまくんはどうなったと思いますか？」

と話し，続きを知りたいという気持ちにさせてから読み聞かせをした（p.11～23）。

❺りすくんとくまくんは，どうなりましたか。

　次の意見が出された。

・りすくんは，自分の気持ちを伝えられるようになった。

・りすくんは，強くなった感じがする。

・くまくんがやさしくなった。

・りすくんとくまくんが笑顔になった。

　子どもたちの意見を以下のようにまとめた。

> 勇気をもって自分の気持ちを伝えると，今までよりもっと仲良くなれる。

　子どもたちのなかには，自分の気持ちを伝えることのよさはわかっても，なかなか行動に移せない子どももいる。そこで，次の発問をした。

❻自分の気持ちを伝えたいと思っていても，どうしても相手に言えない子もいるかもしれません。あなたは，どんなアドバイスをしてあげますか。

　子どもたちからは，

・手紙に書いて渡すといいよ。

・先生や友達に相談をするといいよ。

・悲しい顔をして伝えるのもいいかも。

というアドバイスが出された。

──── バージョン **UP!**

> 　行動に移せない子どもに寄り添った発問を「アドバイス」という形で問うことで，全員が前向きに，そして，安心して授業に参加できる。

　「目を閉じましょう」

と言って，次の2つのことについて尋ねた。

❼自分の気持ちを友達に言えていますか。友達は，自分の気持ちを言ってくれていると思いますか。

　発言は求めずに，それぞれの問いについて，挙手をして自分の意見を発表させた。

　最後に，

　「りすくんとくまくんから学んだこと，これから自分が大切にしていきたいことを書きましょう」

と言い，感想を書かせて授業を終えた。

●板書例

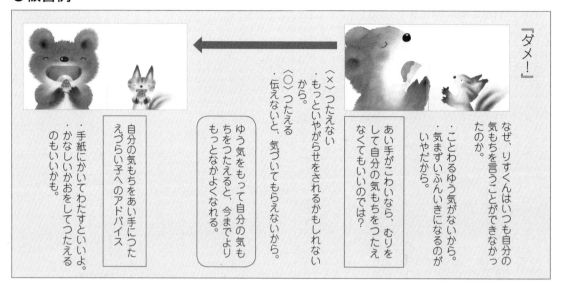

『ダメ！』

なぜ、りすくんはいつも自分の気もちを言うことができなかったのか。

・ことわるゆう気がないから。
・気まずいふんいきになるのがいやだから。

あい手がこわいなら、むりをして自分の気もちをつたえなくてもいいのでは？

〈×〉つたえない
・もっといやがらせをされるかもしれないから。

〈○〉つたえる
・伝えないと、気づいてもらえないから。

ゆう気をもって自分の気もちをつたえると、今までよりもっとなかよくなれる。

自分の気もちをあい手につたえづらい子へのアドバイス

・手紙にかいてわたすといいよ。
・かなしいかおをしてつたえるのもいいかも。

●子どもの感想

・自分より強い子には，いやなことをされても「やめて！」って言えなかったけど，これからは言ってみようと思います。

・ぼくは，声に出すのがはずかしくてがまんしていたけど，これからは友達に相談してみようと思います。

・自分の気持ちを表情で伝えるってことを知りました。やってみたいと思います。

・りすくんとくまくんから学んだことは，友達に伝えたいことがあったら，伝えた方がいいことです。そしたら，友達と仲良しになれるからです。

・私は「嫌だ！」って言えるけど，ついきつい言い方をしちゃってけんかになるので，そんなときは手紙で伝えてみようと思います。

所見文例

◆ この授業で この言葉を ◆

　「ダメ！」の学習では，友達との意見交流を通して，言いづらいことも勇気をもって伝えると，友達ともっと仲良くなれることに気づくことができました。（道徳的諸価値の理解）

（愛知県　猪飼博子）

4.願いのこもった行事食

<関連する主な内容項目>　C　伝統と文化の尊重，国や郷土を愛する態度

☆原実践　『とっておきの道徳授業9』(2010年4月初版)

　　伝統食や行事食が，私たちの身の回りから姿を消しつつあります。でも，そのなかにあって，「お雑煮」や「おせち」は，今も健在です。年末になると，お餅やおせち料理の広告を目にするようになります。「お雑煮」や「おせち」の食材にはつくった人のたくさんの願いが込められています。「お雑煮」や「おせち料理」について知ることや，新しい行事食を考えることで，日本の伝統のよさに改めて気づかせたいものです。(p.121，一部修正)

教材 ・『**伝統のおせち**』浅田峰子：著（グラフ社）

　　・『**日本の「行事」と「食」のしきたり**』新谷尚紀：監修（青春出版社）

これぞ
エース級の実力！

■ 行事食で日本の伝統と文化を
　「おせち料理」を題材として，日本の「伝統と文化」を学ぶ教材は，光村2年「おせちのひみつ」をはじめ，光文3年「おせちりょうり」，東書5年「正月料理」，学研6年「大みそかの朝に」があります。行事食が廃れつつあると言われていますが，おせち料理はまだまだその代表です。また，それだけに子どもたちにとっても身近なものです。見た目の華やかさもあり，また食べ物に願いを込めるという日本文化のよさに気づかせるのに，もってこいの教材と言えるでしょう。

■ 行事食に込められた人々の願いを知る
　原実践である「幸せを運ぶ『おせち料理』」とは，展開を変えてあります。本実践では，「おせち料理」のみを扱うのではなく，「お雑煮」も日本を代表する行事食として扱います。まず，「お雑煮」の具材の意味を考えることによって，行事食に「人々の願い」が込められていることを知り，その上で子どもたちは「おせち料理」の秘密に迫っていきます。終末には，新しい行事食を考えるという活動もあり，知ったことを活用して，新しい文化の創造にも挑戦させます。

指導目標

　お雑煮やおせち料理など，郷土の行事食に興味をもち，郷土の人々や文化を大切にしようとする心情を育てる。（道徳的心情）

準備するもの

・お雑煮，おせちのカラー写真（提示用）
・角餅と丸餅の写真やイラスト（提示用）
・土蔵の写真やイラスト（提示用）
・ワークシート（配付用）（p.30に掲載）

授業の実際

　授業開始後，すぐ黒板においしそうなお雑煮の写真をはり，次のように問いかける。

❶何という料理か知っていますか。

　「あ，おもち」「お雑煮っていうんだよ」という子もいる。
　「よく知っているね。そう，これはお雑煮という料理だよ」
と伝える。
　「いつ食べるか，知っている？」と続けて尋ねると，知っている子どもたちは，「お正月！」とすぐに答えた。
　ところが，ぴんとこない子やお雑煮を食べたことがない子もいる様子だ。そこで，「日本人はね，昔から，いろいろな行事のときに特別に食べる料理を考えてきたんだよ」と説明し，黒板に【行事食】と書いた。
　子どもたちは，「ぎょうじしょく」とつぶやいている。
　「そうそう，それを行事食と言うんだよ。お正月という行事に食べる行事食の一つは『お雑煮』だね」
と話し，丸餅と角餅の写真を見せて，次の発問をする。

❷みなさんが食べているお雑煮に入っているお餅の形は，どちらでしょうか。

　お雑煮を家で食べているという子どものう

ち，角餅を食べているという子どもが圧倒的に多かった（丸餅は２名）。
　角餅を食べている子どもたちは，丸餅を入れている家もあるということに驚いていた。
　「ところで，お餅を四角くして食べるのには意味があるんだよ」
　こう言って，土蔵の写真を黒板にはった。
　「昔は，家の仕事がうまくいくと，こういう土蔵というものを建てました。角餅はこの土蔵の形に似ているから，仕事が上手くいってお金がもうかるということを願って食べたんだね」
　角餅を食べている家の子どもは，なんだかうれしそうにしている。そこで，
　「あれ，そうすると丸餅はどうなんだろう？何だか角餅を食べるとお金持ちになれるみたいだけど……」と問いかけた。
　少し考える時間を与えた後，挙手によって発表させた。

・たくさん食べて，顔が丸くなる。栄養がよくなるように。
・丸いのは，なんか顔みたいだし，つるつるしているから肌がきれいになるようにっていうこと。
・丸はかわいいから，かわいくなれる。

　ここは，正解が出ることが大事なのではなく，形に意味があるということがわかればよい。発言が出尽くしたところで，
　「丸い形のお餅は，とげとげしないで心を丸くして，家族みんなが仲良く暮らすことを願って食べているんだよ」と伝えた。
　今度は，丸餅派の子どもたちがうれしそうにしていた。

> **バージョン UP!**
>
> 　はじめから，たくさんの料理が並んでいる「おせち」を提示せず，「お雑煮」を提示する。その中でも，特にお餅の形を取り上げ，食材やその形に意味があることを理解しやすくした。

　お雑煮に入っている具材の意味も確認した。
・にんじん→「赤」は魔除けの効果がある。
・だいこん→丸く切って，家庭円満を願っ

た。白い色は，汚れていないきれいな心を表している。

これらを，お雑煮の写真の下に板書し，

いろ・かたちに意味がある

と書いて強調した。さらに，

「お正月の行事食って，他にもあると思うけれど知っているかな」

と問いかけたところ，子どもたちは，すぐに「おせちだ！」と答えた。そこで，準備しておいたおせちの写真を黒板右側にはった。

❸さて，このおせち料理にも，何か意味があるのでしょうか。

このように問いかけて，ワークシートを配付した。表には，縦に「数の子」「昆布巻き」「伊達巻き」「大根とにんじんの酢の物」「えび」「小さい魚の佃煮」「栗きんとん」「黒豆」と書いてあり，それぞれにイラストがついている。また，横には「意味」を書き込む欄がある。

「わからないものがあってもよい」とした上で，7分ほど時間をとった後，発表させた。

・数の子：たくさんつぶつぶがあるから，お金が集まるように。
・昆布巻き：悪魔みたいに黒いから，逆に悪魔が来ないように。（こっちの悪魔の方が強いということを表している）
・伊達巻き：たくさん巻いているから，服がたくさん着られるように。
・大根とにんじんの酢の物：おめでたい感じ。にんじんは，「赤」で魔除け。「白」はきれいな心。
・えび：赤いから魔除け。
・小さい魚の佃煮：家族みたいだから，仲良く暮らすように。
・栗きんとん：くりはとげとげしているから，戦いで負けない。
・黒豆：豆まきのときに鬼にぶつけるから，鬼に負けないように。

それぞれの発表に，「正解！」「おしい！」「面白いアイデア！」などと短くコメントする。

一通り考えを聞いた後に，教科書を開かせて，料理の意味が載っていることを伝える

（光村2年，p.125〜127）。

意味を確認した後，掲載されていない料理の意味も補って説明する（「幸せを運ぶ『おせち料理』」，『とっておきの道徳授業9』p.124参照）。また，「正解していなくてもいいんだよ。みんなが考えた意味も，とてもいいよ。大切なことは，いろいろな願いを込めて，誰かのためにおせちをつくったり，食べたりするってことだね」と話し，

ねがいをこめて，だれかのためにつくる

と板書した。さらに，子どもたちの考えを広げるために，次の発問をした。

❹他に行事食を，知っていますか。

次のような発表があった。

・2月の節分に豆，恵方巻きを食べる。
・3月には「貝（はまぐり）のおつゆ」「さくら餅」
・5月には「かしわ餅」
・秋には「お月見団子」
・ハロウィンのかぼちゃ
・冬にはクリスマスのケーキ，年越しそば

「ハロウィンとクリスマスは，外国の行事じゃないのかな」という声もあった。そこで，もともとは外国から来た行事が日本に定着したものがあることを伝えた。そして，すべての食べ物に意味があり，その行事を楽しくしようという人々の願いが込められていることを話した。

❺新しい行事食を考えてみよう！

このように投げかけて，次のようなときにどんなものを食べたら，元気が出たり，楽しくなれたりするかを考えてもらうようにした。

> ・入学式　　　　・運動会
> ・学芸発表会　　・卒業式
> ・夏休み　　　　・冬休み
> ・遠足

その他にも，自分が考えたい行事でも食べ物を考えてみるように話し，授業を終えた。

● ワークシート

りょうり	イラスト	こめられているねがい
かずのこ		
こんぶまき		
だてまき		
だいこんとにんじんの すのもの		
えび		
小さい魚のつくだに （たづくり）		
くりきんとん		
くろまめ		

★あたらしい ぎょうじしょくを 考えよう。（にゅう学しき，うんどう会，学げいはっぴょう会，そつぎょうしき，なつ休み，ふゆ休み，えんそく）のときに，どんなものを食べたいですか。それは，なぜですか。

☐のときに，☐を食べたい。

なぜなら，☐。

所見 文例

◆ この授業で この言葉を ◆

　「おせちのひみつ」の学習では，料理に込められた「お家の人が，ずっと元気でいられるように」という願いに気づき，日本の伝統食のよさに気づくことができました。（道徳的諸価値の理解）

（北海道　山田洋一）

5.ふわふわ言葉・チクチク言葉

<関連する主な内容項目>　B　親切，思いやり

☆原実践　『とっておきの道徳授業4』（2005年2月初版）

　　子どもたちの乱暴な言葉遣いが気になりませんか。放っておくと大きなトラブルの原因になることもあります。かつては，「相手を攻撃するために」用いられた乱暴な言葉も，今は「あいさつ代わり」に使われるようになってきています。その分，あたたかな言葉や人を元気にする言葉が，教室から失われつつあるように思います。

　　この授業では，思いやりのある言葉のもつ素晴らしさと人を傷つける言葉の危険性を低学年の子どもたちにもわかりやすく伝え，思いやりのある言葉を使っていく意欲を高めます。（p.93，一部修正）

教材　・特になし

これぞ エース級の実力！

ふわふわ
ことば

■ 教室で行き交う言葉は教室の人間関係の在り方そのもの

　　あたたかな雰囲気の教室にはあたたかな言葉が交わされています。子どもたちの使う言葉の在り方は，教室の在り方そのものと言ってもいいでしょう。今や本実践は，全国のあちこちの教室で取り組まれるようになり，教科書では，廣あかつき2年・学研3年・光村3年に関連教材が掲載されています。

チクチク
ことば

　　題材は「子どもたちの生活」です。2種類の言葉のステッカー以外，資料の準備は必要ありません。授業の流れは至ってシンプルです。2種類の言葉のもつイメージの比較のみです。シンプルだからこそ，伝えたいメッセージがストレートに子どもに届きます。

■「ふわふわ」「チクチク」の言葉で視覚化を

　　この授業では，言われてうれしくなったり元気が出てきたりする言葉を「ふわふわことば」と言います。反対に，言われて悲しくなったり傷ついたりする言葉を「チクチクことば」と言います。「ふわふわ」「チクチク」，この視覚化しやすい言葉が子どもたちのイメージを喚起します。

指導目標

　自分が普段使っている言葉を振り返りながら，人をうれしい気分にさせ，元気にさせる言葉を積極的に使っていこうとする意欲を育てる。（道徳的実践意欲）

準備するもの

・「ふわふわことば」と「チクチクことば」のステッカー（各A3サイズ）（提示用）

授業の実際

　最初に，次のように話す。
　「今日は，言葉の勉強をします。言葉はすごいパワーをもっているんだよ」
　子どもたちの間から，「どんなパワー？」「ホント？」などとつぶやきが聞かれ，「パワー」という言葉に興味をもったようだった。

❶人に何かを言われて，元気をなくしてしまったことはありませんか。人に言われて「嫌だった言葉や悲しくなった言葉」を教えてください。

　何人かが，手を挙げて発言しようとした。しかしすぐには指名せず，じっくりと考えさせた。発言が始まると，どんどん出てきた。
　・ばか　　　　　　　　・死ね
　・消えろ　　　　　　　・うざい
　・もう遊んであげない　・はあ？
　「そうだったんだ，つらかったね」などと気持ちを受け止め，安心させながら進めるようにした。話せる子には，「どんなときに言われたの？」と状況などを聞き，他の子が共感しやすいようにした。
　意見は，黒板の右半分に青いチョークで書いていった。黒板がいっぱいになってくると，最初は笑っていた子どもたちも，真剣な表情になっていた。

❷みんなで，読んでみましょう。

　間を空けながら，一つ一つ読ませた。読み上げることに抵抗を感じる子どももいるので，そういう場合には「言いたくない人は，心のなかで読むだけでいいですよ」と伝えた。読み進めるに従って，教室は沈んだ空気が漂った。

❸これらの言葉を読んでみてどんな気持ちがしましたか。

　子どもたちからは，
　・嫌な気持ちがした。
　・お腹が痛くなってきた。
　・悲しくなってきた。
という返答があった。
　「ホントだね」「先生も同じ気分だよ」などと共感しながら聞いた後，次のように話した。
　「けんかもしてないのに言葉だけでこんなに嫌な気分になるんだね。このように，嫌な気持ちになったり，悲しい気持ちになったりする言葉を『チクチクことば』と言います」
　板書した意見の上に，「チクチクことば」のステッカーをはった。

❹「チクチクことば」でいっぱいになったら，みんなはどんな気持ちになり，このクラスはどんなクラスになりますか。

　子どもたちからは，「学校に来たくなくなる」「仲が悪くなって，けんかが増えてしまう」という意見が出された。

───── バージョン **UP!**

　「～したらどうなりますか」という行為の結果を問うことで，単に「チクチクことば」を挙げるだけの場合よりも，言葉の影響力を実感させることができる。

意見が出尽くしたところで，

「とても悲しいことになりそうですね。でも，この反対の力をもつ言葉もあります。人をうれしい気分にしたり元気にしたりしてくれる言葉です」

と話した。

子どもたちが，先程とは，まったく違ううれしそうな表情で「何て言うの？」と聞いてきた。

そこで，「ふわふわことば」のステッカーをはり，「ふわふわことば」ということを教えた。

ふわふわ
ことば

❺**それでは，今度は「ふわふわことば」を教えてください。**

勢いよく手が挙がり，多くの意見が出された。

・頭いいね。

・一緒に遊ぼう。

・ありがとう。

・ごめんね。

・絵がうまいね。

・がんばったね。

黒板の左半分に，赤で意見を書いていった。

「チクチクことば」を挙げたときとは対照的に，子どもたちの表情が明るくなり，教室の空気が軽くなった。その後，みんなで声に出して読んだ。

―**バージョン UP!**―

教師の表情も明るくし，テンポを少し上げて軽快に読み上げさせる。「チクチク言葉」と「ふわふわ言葉」の与える印象の違いを明確に感じ取れるようにする。

どんな気持ちになったか尋ねたところ，子どもたちからは，

「いい気分」「楽しい気分」「うれしい」「元気になってきた」

という返答があった。どの子も，明るい表情である。

❻**「ふわふわことば」でいっぱいになったらみんなははどんな気持ちになり，このクラスはどんなクラスになりますか。**

発問❹に対応する問いである。

次のような発表があった。

・毎日ハッピー。

・学校に来たくなる。

・土日も学校に来たくなる。

子どもたちは，互いに笑顔で聞いていた。

❼**みなさんはこのクラスを「ふわふわことば」あふれるクラスにしたいですか。それとも「チクチクことば」あふれるクラスにしたいですか。**

「ふわふわことば！」とあちこちで声が挙がり，子どもたちは迷わず前者を選んだ。

子どもたちの声を受けて，

「言葉一つで気分がよくなったり，悪くなったりします。このクラスを『ふわふわことば』のあふれるクラスにしていきましょう」

と話した。

❽**これからみんなで「ふわふわことば」を言い合いましょう。**

「最近，『いい気分になったこと，誰かをほめたいなと思っていること，誰かに感謝したいと思っていること』を発表しましょう。自分もいい気分になるし，発表された人もいい気分になりますよ」

と話した。

子どもたちからは，「うれしかったこと」や「すごいなと思ったこと」などの経験がたくさん出された。

●資料

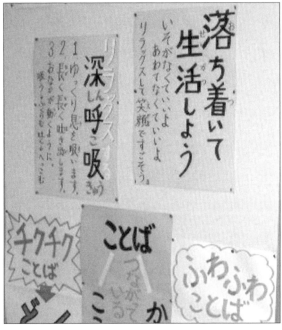

※キャラクターの「ふわふわちゃん」と「チクチクちゃん」は，全校朝会などの講話で登場し，意識づけに使用された（講話資料は1年生でもわかるように，ひらがな表記にした）。

※全校朝会の後に，校内数カ所に講話に関わる掲示物がはられ，意識の継続が図られた。

●学年・全校・校区に活動が広がる

　本実践は，展開がとてもシンプルで誰にでも追実践ができる。当時の勤務校では，学年の実践が生徒指導部の目に留まり，全職員に紹介され，他の学年でもこの授業が実践された。次年度には，「『ふわふわことば』を使おう」が4月，9月，1月の月別生活目標に決まり，全クラスが，年に一度は実践することになった。

　取り組みは中学校にも知られ，道徳主任が授業を参観しに来校した。その後，中学校でも，全クラスの担任がこの授業を実施した。さらに，翌年には，隣の校区にも広がり，地域的な取り組みとして発展していった。

所見文例 ◆ この授業で この言葉を ◆

　「人を思いやる言葉」について話し合ったときには，自分の普段使っている言葉を振り返ったり，相手にとってうれしい言葉や勇気づける言葉を考えたりしながら，友達と意見を発表し合っていました。（自己を見つめる）

（新潟県　赤坂真二）

第Ⅰ部

第3章

実践編

中学年教科書

第3章

実践編

中学年教科書

1. 一人＋五人の マラソンランナー

＜関連する主な内容項目＞　Ｂ　親切，思いやり

☆原実践　『とっておきの道徳授業5』（2006年3月初版）

　　　島根県出雲市の「くにびきマラソン」の開催が近づいたある日，市長さんに1本の電話がありました。
　「私は，目が見えません。でも，マラソン大会にぜひ参加したいのです」
　市長さんは，困惑しました。もちろん参加させてあげたいのですが，はたして安全面は大丈夫なのでしょうか。ここで，5人の市の職員さんが，ある提案をしました。
　目が不自由な方のマラソン大会参加を通じて，〈共に生きていく社会〉について考えていく授業です。（p.115より）

教材 ・「1本の電話」「五人のランナー」（『ニューモラル』№299より）（モラロジー研究所）

エース級の実力！

■ 四半世紀の時を越えて

　この教材は，学図4年の教科書に「心を結ぶ1本のロープ」の教材名で掲載されています。『とっておきの道徳授業5』（2006年）に収められている授業ですが，原実践はさらに10年さかのぼり，私（佐藤幸司）の2冊目の著書である『温かいネタによる「道徳」教材開発』（1996年，明治図書）に掲載してあります。出典である『ニューモラル』誌との出合いは，さらに2年前の1994年夏のことです。当時は，道徳授業で「福祉」に関する内容を取り上げることも異端視されていました。
　25年以上の月日がたった今，堂々と道徳科の教科書に登場しています。

■ イラスト教材の活用からパラリンピックへの展開

　最初に，電話の受話器を持つ市長さんのイラストを提示して，「マラソン大会への参加を認めるべきか，否か」を考えさせます。昨今，障害のある方のスポーツ大会への参加やパラリンピック関係のニュースに触れる機会が多くなりました。多くの子どもたちは，「参加させるべき」という意見をもつでしょう。では，どんな方法なら安全に参加できるのかを話し合います。
　最後は，2021年に開催予定（2021年2月現在）のパラリンピックへ話を展開させていきます。

指導目標

　5人の伴走者のアイデアと心意気に共感し，相手のことを親身になって考え行動しようとする態度を育てる。（道徳的態度）

準備するもの

・教材　①「一本の電話」，②「五人のランナー」
・【イラスト1】，【イラスト2】の拡大コピー（提示用）
・教材　②「五人のランナー」（配付用）（p.40に掲載）
・ブラインドマラソンの資料

授業の実際

　最初に，教材①「1本の電話」のイラストの部分だけを拡大コピーして提示する。
【イラスト1】

❶このイラストを見て，気づいたことを発表しましょう。

　最初に挙手した子から，
「市長さんが，電話をしています」
という発表があった。
「どうして市長さんだとわかりましたか」
と問い返したところ，
「机の上に『市長』という札があります」
という返答があった。
　この子の発言をお手本にして考えるように話したところ，次のような意見が出された。
・壁に「くにびきマラソン2月」というポスター（のようなもの？）がはってある。

・市長さんの頭の上の方に「困った線」が描いてあるから，何か困った電話がきたのだと思う。
　どの意見も，イラストをよく見てしっかり考えていることを認めた上で，教材①を読み聞かせた。
　目の不自由な方から，マラソン大会への参加希望の電話があった。市長は，その返答に困ってしまったのである。

❷市長さんは，この人をマラソン大会に参加させたほうがいいでしょうか。それとも，断ったほうがいいでしょうか。

　挙手で人数を確認したところ，
〈参加させたほうがいい〉　23名
〈断ったほうがいい〉　　　 7名
という人数に分かれた。
　まず，〈断ったほうがいい〉と考えた理由を発表させた。
・参加したい気持ちはわかるけど，けがをすると危険なので，丁寧に断ったほうがいい。
・マラソンは，普通の道路を走るから，「グラウンドでの種目はどうですか？」と別のことを勧める。
　次に，〈参加させたほうがいい〉と考えた理由を聞いたところ，最初に発言した子が，
「1人では危ないけれど，周りの人が協力すれば，出場できると思います」
と答えた。他の子どもたちも大きくうなずいていたので，
「じゃあ，どんな協力をすれば，この人が参加できますか」と問い返した。
　子どもたちからは，次のような考えが出された。
・電話をかけているので，耳（音）は大丈夫だから，「右です，左です」というようにコースがわかるように声をかける。
・もう1人，隣を一緒に走れば大丈夫（テレビで見たことがある）。
・誰かと手をつないで走る。
・ちょうどいい長さのひもを持って，もう1人の人が道案内をしながら少し前を走る。

・どこがマラソンコースなのかがわかるように，でこぼこ（点字ブロックのようなもの）を敷くといい。

子どもたちから出されたアイデアを聞いた後，最初〈断ったほうがいい〉と考えた子どもたちに，

「これなら，大丈夫そうですか」

と尋ねた。すると，

「安全に走れそうだから，大丈夫」

という返答があった。

─ バージョン **UP!**

「参加させるべきか，断るべきか」の問いから始まった議論であるが，出された意見をもとに，「どうすれば参加できるだろうか」という新たな問いへ移行していく。子どもの問いを授業展開に生かしていく。

全員の意識が「どうすれば，参加できるだろうか」という論点に向かったところで，次の発問をした。

❸このなかで，どの方法が一番いいと思いますか。

「手をつないで走る」と「ひもを持って走る」の2つの案に賛成の意見が集まった。ただし，

「手をつなぐと，1人がころんだとき一緒にころんでしまって危ないのではないか」

「ひもだと引っ張られるから，少し伸びるゴムのほうがいいのではないか」

という疑問も出された。ここで，

「では，市長さんはどうしたでしょうか。続きを読んでみましょう」

と言って，教材②を配付した。

市の職員5名が伴走を希望した。1人2kmずつ，計10km走るわけである。市長は，このアイデアと心意気に感動し，涙が出そうになったという。

❹ゴールした瞬間，この人は，ズバリ言うとどんな気持ちだったでしょうか。

子どもたちからは，

・うれしい，最高！

・一緒に走ってくれたみんな，ありがとう。

・やった，やればできるんだ。

という喜びを表す発言が続いた。

発言が出尽くしたら，教材②「五人のランナー」のイラストを提示して，次のように聞いた。

【イラスト2】

❺うれしかったのは，ゴールをしたこの人だけですか。

子どもたちの間から，「あっ，そうか」という声が聞こえ，

「一緒に走った人もうれしかったと思います」

という発表があった。理由を聞いたところ，

・一緒に走って，自分も楽しかったから。

・ゴールして喜んでいる様子を見て，自分もすごくうれしくなった。

・みんなで協力して10kmを走れたから。

という意見が出された。

伴走した人は，インタビューにこう答えている。

「けがをさせないように，どうすれば相手の立場に立って走れるか，そればかり考えていました」

最後に，「日本ブラインドマラソン協会」のホームページから，ブラインドマラソン（視覚に障がいがある方が走ること）の説明をした。

さらに，2021年に延期予定の東京パラリンピックでのマラソン競技についても紹介した。

─ バージョン **UP!**

現在では，伴走者と一緒に走るブラインドマラソンのルールも整備された。原実践から25年経ったが，根底にある相手への思いやりの心は不変である。

●教材　『ニューモラル』№.299 （p.4〜7，一部抜粋）

①「一本の電話」

島根県出雲市では、毎年、「くにびきマラソン」を開催しています。

ある日、市長室にこんな電話が入りました。

「市長さん、私も今度のマラソン大会に参加したいのですが……」

「どうぞどうぞ、全国から参加されますよ」

岩國市長がびっくりしたのは、次のひと言でした。

「私はまったく目が見えないんです」

「……」

いままで健康な人ばかりが走っていたマラソン大会。市長は、一瞬、言葉がつまってしまいました。

②「五人のランナー」

"全行程の十キロを走るだけでもたいへんなのに、目が見えない人に伴走してくれる人が、はたしているだろうか……"

市長はそう思いながらも、担当のA課長を呼んで訳を話し、「うちに伴走できる職員がいるかどうか、さがしてみてくれ」と指示したのです。

「はい」と返事したものの、あてがないせいか、A課長の声は元気がありません。

翌朝、A課長から連絡が入りました。

「市長、五人みつかりました」

「みんな十キロ走れるのか？」

「だれも十キロも走れません」

「走れないのが五人もいて、どうするのだ」

A課長の説明はこうでした。

伴走を希望した人は、ゴミ収集課と給食センターなどの職員たち。

彼らはこう言ったそうです。

「みんな十キロは走れないから、ひとり二キロずつ走ります。五人で力を合わせたら、十キロは走れますから、ぜひやらせてください」

これを聞いて、市長は恥ずかしくなりました。伴走は一人でやるものだと思いこみ、半分あきらめていたからです。障害のある人に手を差し伸べるのは元気な私たちの義務だ、という五人の気持ちと知恵に、市長は感動し、涙が出そうになったそうです。

五人は、その日から練習をはじめました。一月、二月の凍てつくような寒い夜、仕事で疲れた体で、毎晩練習をしたのです。一人が目かくしをし、もう一人がロープの片方を持って、「坂ですよ」「右に曲がりますよ」と、誘導しながら走る練習です。

二月十一日、マラソン大会の当日です。

そこには、目の見えない人といっしょに五人が交替で伴走する姿がありました。

そして、みごとにゴールイン。出雲市のマラソン大会で、はじめて全盲のランナーが誕生した瞬間でした。

◆ この授業で この言葉を ◆

　　目が不自由な人が参加するマラソン大会を題材に話し合ったときには，一人ではできないことでも，相手の立場に立って互いに協力すれば可能になると考え，みんなの前で発表しました。（多面的・多角的な考え）

（山形県　佐藤幸司）

2.朝がくると

<関連する主な内容項目>　B　感謝

☆原実践　『とっておきの道徳授業11』（2012年8月初版）

> わたしたちは，たくさんの人々に支えられて生きています。
> 　学校に通うこともまた，たくさんの人々に支えられているからこそできるのです。
> 　学校での学びを通して，子どもたちは「支えられる人」から，誰かを「支える人」へと成長していきます。
> 　「何のために学校に通うのか」
> 　その根本的な意義を考えさせる授業です。（p.13より）

教材 ・詩「朝がくると」 まど・みちお：作

これぞ
エース級の実力!

■ 短いからこそ生きる教材

　詩「朝がくると」は，日文4年・光村4年，2社の教科書に掲載されています。さらに『わたしたちの道徳 小学校三・四年』86〜87ページにもあります。いずれも，内容項目は「B　感謝」です。詩は，短い言葉でつづられています。だからこそ，簡潔に，しかも効果的にその内容を子どもたちに語りかけてきます。特にこの詩には，子どもたちの日常風景がしっかりと描かれています。一つ一つの言葉に集中させるために，教師の読み聞かせを行うことにより，イメージがさらにくっきりと子どもたちの脳裏に浮かぶ教材です。

■ 感謝の気持ちは実感から

　子どもたちは，学校へ通うのは当たり前のことだと思っています。しかし，その当たり前のことが，実は，たくさんの人々の支えによって成り立っているのだと気づかせることが大切です。子どもたちが学校へ通うまでの行動を，具体的に思い起こさせましょう。自分の周りには，たくさんの人々が作ったものがあり，それらを日ごろ何気なく使っているのだということをイメージさせましょう。その実感から，感謝の気持ちが生まれます。

指導目標

詩「朝がくると」を通して，自分たちの生活を支えてくれているたくさんの人たちへ尊敬と感謝の念をもち，やがては自分が身近な生活を支える立場になろうとする心情を育てる。（道徳的心情）

準備するもの

・詩「朝がくると」（提示用）
（『わたしたちの道徳 小学校三・四年』p.86～87にも掲載されている）

授業の実際

まず，子どもたちに，学校へ通う楽しみについて発表させる。子どもたちは，何らかの楽しみを見つけているからこそ，毎日学校へ通うことができるのだろう。学校は楽しいところだということをおさえておく。

❶みなさん，学校へ通う楽しみって，何ですか。

ここは，挙手した子を次々に指名して，テンポよく進めた。
・友達と会うこと。
・友達と話したり，遊んだりすることができる。
・給食がおいしい。
・本がたくさんあって，いくらでも読めること。
・校庭で思いっきり走ったり，遊んだりすることができる。
・みんなで歌うのが好き。
・図工でいろんなものが作れる。
子どもたちの発言を板書し，
「みんな，学校って，楽しいところなんだね。今日は，その楽しい学校に通うことができるのはどうしてなのかを考えてみたいんだ」
と，今日の学習の方向性を示した。
そして，まど・みちおさんの詩「朝がくる

と」を教材として学習することを伝えた。

バージョン UP!

授業の最初に，しっかりと学習の方向性を示すことが大切。それによって，明確な課題意識をもたせることができる。子どもたちは，その子なりに学校へ通う楽しみをもっている。そこで，子どもたちの思いを引き出すために，楽しみを問うことで，楽しい学校へ通うことができるのはなぜかを考えさせた。

「まど・みちおさんは，みんながどうして楽しい学校に通うことができるのか，この詩の中で述べています。その理由を考えながら詩を聞いてください」
こう話してから，詩「朝がくると」の第1連を読み聞かせた。
その後，詩の第1連の拡大コピーを黒板に掲示した。
詩は，短い言葉で綴られている。一つ一つの言葉に集中させるために，まず，耳だけで教師の読み聞かせに集中させた。その後，拡大コピーを提示して，改めて視覚からも言葉の意味について考えさせた。
黒板にはった詩を黙読させた後，次のように聞いた。

❷みなさんは，どうして学校に通うことができるのでしょう。

子どもたちから，次のような発表があった。
・水道や道路があるから。
・洋服や本やノートを作っている人がいるから。
・たくさんの人がいろいろなものを作ってくれているから。
最後の子の発言に対し，
「それってどういうこと？」
と問い返すと。
・わたしたちが使うものをいろんな人が作ってくれているんだ。
・当たり前だと思っていたけど，たくさんの人にお世話になって，学校へ通っているんだ。

という声が返ってきた。そこで，
「みんなも他に気づくことがないかな」
と聞いたところ

　　・横断歩道を渡らせてくれる人もいるよ。
　　・給食も作ってもらっているよ。
　　・お父さんやお母さんもだ。ぼくたちのため
　　　にいろんなことをしてくれているよ。
　　・ぼくたちのために作ってくれる人たちが
　　　いるんだ。
　　・たくさんの人たちがいるからぼくたち
　　　は，学校へ通えるんだ。
　　・わたしたちはたくさんの人たちに支えら
　　　れているから学校へ通えるのね。

という意見が出された。

―― バージョン **UP!**

　原実践では，「なぜ主人公が学校に通
うことができるか」を聞いたが，今回
は，子どもたち自身に問いかけること
にした。そうすることで，より自分自
身の問題として考えさせることができ
るようになる。

「そうだね。わたしたちを学校に通わせて
くれるためにたくさんの人が関わってくれて
いるんだね」
と話し，子どもたちの考えをここまで引き出
したところで，第2連（「いまに　おとなに
なったなら」から最後まで）を提示した。

❸では，主人公のぼくは「何のために」学校へ通っているのでしょう。

　最初はみんなじっと考えていたが，やがて
一人の子から，

　　・あっ，わかった。こんなふうに自分も作
　　　る人になるためだ。

という発表があった。そこで，
「作る人になるって，どういうこと？」
と聞いたところ，次の考えが出された。

　　・わたしたちは，たくさんの人に作っても
　　　らったもので，学校に通うことができる。
　　　だから，私たちも学校で勉強して，やが
　　　て，大人になってものを作るってことだ。
　　・たくさんの人に支えられてきたから，大

人になったら，支える側になるというこ
とだと思う。

　　・ぼくたちのために作ってくれる人たちっ
　　　てすごいなあ。
　　・作ってくれる人に感謝しないとね。

感謝という言葉が出てきたところで
「そうか。人はお互いに支え合って生活し
ているんだね」
とまとめた。

　子どもたちは，学校に通う理由を考えるこ
とから，自分たちを支えてくれる人たちがた
くさんいることに気づき，その方々への感謝
の気持ちをもつことができた。

　そして，やがては，自分たちが「支えても
らう立場」から「支える立場」へ成長していく
ために学んでいるのだと考えることができた。

❹今日の学習でわかったことを黒板の詩を見ながら書きましょう。

　子どもたちは，次のような感想を書いた。

　　・学校に通うなんて当たり前のことだと
　　　思っていたけど，こういうこともあるん
　　　だということがわかった。
　　・私たちはたくさんの人に支えられている
　　　ことがわかった。
　　・作ってくれる人にも感謝しないといけな
　　　いと思った。
　　・みんなお互いに支え合っていることがわ
　　　かった。
　　・私も将来は「作る人」にならなければい
　　　けないということがわかった。一生懸命
　　　勉強したい。
　　・作った人は，その「物」だけを渡してい
　　　るのではなくて，もっと別な大切な「物」
　　　も渡しているんだと思った。

　授業の最後に，「わかったこと」を自分の
言葉でまとめさせることによって，この時間
にどんなことを学んだのかを，子どもたち自
身に改めて考えさせることができる。さら
に，教師自身の授業評価の資料とすることも
できる。

　ほぼ全員が書き終えたところで，詩「朝が
くると」の全文をみんなで声を出して読んで，
授業を終えた。

●教材

朝がくると

まど・みちお

朝がくると　とび起きて
ぼくが作ったのでもない
水道で　顔をあらうと
ぼくが作ったのでもない
洋服を　きて
ぼくが作ったのでもない
ごはんを　むしゃむしゃたべる
ぼくが作ったのでもない
それから　ぼくが作ったのでもない
本やノートを
ぼくが作ったのでもない
ランドセルにつめて
せなかに　しょって
ぼくが作ったのでもない
靴を　はくと
たったか　たったか　でかけていく
ぼくが作ったのでもない
道路を
ぼくが作ったのでもない
学校へと
ぼくが作ったのでもない

ああ　なんのために
いまに　おとなになったなら
ぼくだって　ぼくだって
なにかを　作ることが
できるように　なるために

●人々の絆（きずな）

　3.11の東日本大震災も10年前となり，世間では忘れられようとしているが，いまだにその爪あとが残っている。近ごろでは，毎年大きな災害が起こり，そのたびに，たくさんの人が大きな被害に遭っている。さらに新型コロナについては，日本のみならず全世界にその影響が出ている。わたしたちは，日常が日常として続くことを当たり前のこととして考えてきた。しかし，日常は人々の努力によってつくられてきたということを改めて考えたはずである。学校に通うということも，その一つである。当たり前のことがこんなにもありがたいことなのだと，多くの子どもたちが感じたはずである。

　コロナ禍に関わって，わたしたちは実に多くの人々に支えられて生きているのだということを実感した。共に支え合いながら生きていく。それが，まさに「絆」なのである。詩「朝がくると」を読み，今だからこそ日本中の子どもたちに人々の絆について考えさせたい。

所見文例

◆ **この授業で この言葉を** ◆

　「朝がくると」の学習では，主人公「ぼく」の考えに共感し，学校に通うためにはたくさんの人の支えがあることがわかり，自分も誰かの役に立てるように勉強したいと感想を述べました。（自己の生き方）

（福島県　櫻井宏尚）

3.ともだちや

<関連する主な内容項目＞　B　友情，信頼

☆原実践　『とっておきの道徳授業』（2001年11月初版）

　　友だちは，子どもたちが学校生活を楽しく過ごすために，とても大切な存在です。その友だちに自分から関わっていくことができたら，そして，友だちとお互いのためになるいい関わり合いができたら，どんなにか楽しい生活を送ることができるでしょう。
　　オオカミという友だちができ，スキップをしながら帰っていくときのキツネの後ろ姿は，子どもたちにその友だちの大切さを教えてくれます。（p.77より）

教材　・『ともだちや』内田麟太郎：作　降矢なな：絵（偕成社）

これぞ
エース級の実力！

■ キツネが気づいたこと

　『ともだちや』を用いた教材は，光村3年・光文3年，2社の教科書に掲載されています。いずれも，内容項目は「B友情，信頼」として構成されています。本実践では，「クマと友だちになった後のキツネの姿」と「オオカミと友だちになった後のキツネの姿」に焦点を当てます。前者は，友だちになっても，相手の好みに合わせてばかりいると苦しい思いをすること，後者は，お互いが必要とし合う関係は，心地よいものであることを教えてくれます。そのことに気がつくことができたのは，キツネが自分から友だちづくりにチャレンジしたからでした。

■ キツネの格好には意味があった

　森一番のさびしんぼうで，誰でもいいから，友だちがほしかったキツネは，手には提灯，腰には浮き輪，頭にはヘルメットという不思議な格好をして「ともだちや」を始めます。なぜ？　と思ってしまう格好には，「行く先で，どんな友だちに会っても対応できるように，大丈夫なように」というキツネの思いが込められていたのです。
　キツネの友だちづくりの話は，子どもたちに，友だちとよりよい人間関係をつくるときのヒントを教えてくれています。

指導目標

　「ともだちや」をするなかで，キツネはどういうことに気づいたのか考え，よりよい友だち関係を築いていこうとする態度を育てる。（道徳的態度）

準備するもの

・教材『ともだちや』
・各ページの拡大コピー（提示用）①表紙，②クマから二百円をもらった後のキツネ(p.16)，③「おだいだって！」というオオカミ(p.24〜25)，④目をしばたくキツネ(p.26)，⑤スキップしながら帰っていくキツネ(p.31)

授業の実際

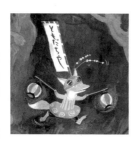

　絵本の表紙を見せた後，題名を板書し，最初に3ページまでを読み聞かせた。そして，「『ともだちや』を始めたキツネ君です」と，キツネの格好に注目させた。

❶キツネ君の格好を見て，何か気づいたことはありませんか。

　表紙を拡大したものも見せ，観察させた。
　「提灯を持っている」「浮き輪をしている」「ゴーグルをかけている」などが出された。

❷キツネ君は，なぜこんな格好をしているのだと思いますか。

　少し難しい問いだが，「目立つように」「水遊びできるように」などの発表があった。
　キツネの格好の訳を説明した。
　「どんな友だちに会ってもいいように，こんな格好をしているんだって。たとえば，水の中を泳ぐ動物と会ったときのために，浮き輪をつけています。ヘルメットは，バシバシたたかれても大丈夫なようにかぶっています」
　説明の後，
　「提灯は，どういうときのためでしょう」

と尋ねたところ，「夜に出会ったときのため」「暗い中で遊ぶため」という返答があった。
　「これは，『餅花飾り』と言います。お正月などに作って飾り，焼いて食べたりします」と話し，
　「ということは，どういうときのためかな」と聞くと，「お腹がすいたら，友だちと一緒に食べる」という返答があった。
　続けて，次のように話した。
　「キツネ君は，どうやって友だちをつくったらいいかわからなくて，一生懸命に考えて，こんな格好になっちゃったんだって」

――― バージョン **UP!** ―――
　キツネの格好から，友だちがほしくてたまらず，「ともだちや」を始めたキツネの切実な思いを想像させる。

　拡大コピー①をはり，【森一番のさびしんぼう　友だちがほしいよ〜】と，吹き出しをつけて板書した（p.48参照）。
　次に，4〜9ページを読み聞かせた。

> 　キツネは，ウズラのお母さんから声をかけられる。でもこれは，子どもが眠ったばかりだから静かにしてほしいというお願いだった。小声で歩いていくと，岩陰から，がんがら声がした。
> （『ともだちや』をもとに授業者が要約，以下同様）

　「だれの声かな？」と問うと，話を知っている子から「クマ！」という答えが返ってきた。
　次に，10〜15ページを読み聞かせた。

> 　クマは，一人ぼっちの食事はつまらないので，一緒に食べる相手がほしかった。キツネは，まずいイチゴを我慢して飲み込み，二百円をもらった。

　ここで，【クマと友だちになる】と板書し，続いて，16〜17ページを読み聞かせた。

> 　木の陰から「おい，キツネ」という声がした。オオカミの登場である。2

人で楽しくトランプをした後，キツネは，申し訳なさそうにお代を請求した。

24〜25ページは，この話の山場である。ここは，少し間を取ってから，「おだいだって！」と大きめの声で読み，絵本を前に突き出した。

「オオカミ君，なぜ怒ったんだろうね」と言いながら，拡大コピー③を黒板にはった。すぐ26〜27ページを読む。

オオカミは，「ともだちや」を呼んだのではないこと，明日もあさっても遊びにきていいことをキツネに伝えた。

「オオカミ君に，『それが　ほんとうの　ともだちか』と言われて，キツネ君は，こんな様子になっていたね」と話し，拡大コピー④を提示した。
「キツネ君，何て言っていた？」と尋ね，『『ほ，ほんとうの　ともだち？』って言ってた」の反応にうなずき，その言葉を板書した。最後まで（p.28〜32）読み聞かせる。

オオカミは，一番大事な宝物のミニカーをくれた。キツネは，スキップしながら帰っていく。「1時間百円」のセリフは「何時間でもただ」に変わっていた。

「スキップしていたね」と言いながら，拡大コピー⑤をはった。そして，その下に，【オオカミと明日もあさってもきていい友だちになる】と板書した。
　続いて，拡大コピー②を「クマ君と友だちになった後は，こんなキツネ君でした」と言いながら，【クマと友だちになる】の文の上の方にはった。

❸クマ君と友だちになった後のキツネ君と，オオカミ君と友だちになった後のキツネ君を比べて，何か気づいたことはありませんか。
・オオカミ君と友だちになった後の方が，うれしそう。
・クマ君と友だちになった後は，なんか苦しそうに歩いている。
・「ともだちや」ののぼりを落としたことも気がつかないくらい，楽しそうだ。
　キツネの様子が対比的に描かれていることに気づかせた後，次のように聞いた。

❹なぜ，クマ君のときは苦しくなって，オオカミ君のときはうれしくなったのだろう。
・オオカミ君のときは遊んで楽しかったけど，クマ君のときは嫌いなイチゴを食べなきゃいけなくて苦しかったから。
・オオカミ君は本当の友だちで，クマ君は本当の友だちじゃないから。
・クマ君は自分のしたいことをさせたから。
　子どもたちは，キツネに対するクマとオオカミの思いの違いにも気づいていた。

── バージョン UP！
　クマとオオカミ，それぞれ友だちになった後の様子を比較させる。気づいたことは，自分の友だちとのつき合い方を考える上でのヒントになると考えた。

❺キツネ君は，「ともだちや」をして，どんなことに気づいたのでしょう。
　自分の考えをワークシートに書かせた。
・本当の友だちって，一緒にいると楽しいこと。
・友だちになるって，お金は関係ないし，こんな格好しなくてもいいこと。
・「ともだちや」なんかしなくても，友だちってできること。
　最後に，「今日の勉強でわかったこと，自分の生活に生かしたいこと」を同じワークシートに書かせて授業を閉じた。

●板書例

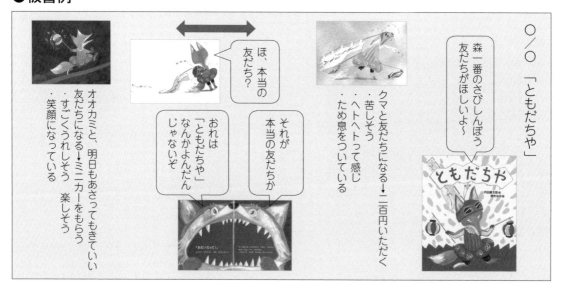

●この授業の後に，こんな展開を

　①ユニットを組んで，道徳授業を

　　『おれたち，ともだち！』シリーズは，すでに13巻も発行され親しまれている。同シリーズの他の絵本で授業を行い，「友情」について考えさせることもできる。おすすめは，『ともだち おまじない』。友だちがほしい人だけにきくおまじないが，素敵なイラストと5・7・5のリズムで紹介されているので，中学年の子どもたちにとって楽しい活動を仕組みながら学習を展開させることができる。

　　また，『ともだち』谷川俊太郎：作　和田誠：絵（玉川大学出版部）での授業は，「友だち」に対する捉え方の幅を広げ，諸価値の理解を深めるのに効果的である。

　②福祉の学習へ

　　『ともだちや』は，DVD『手話で楽しむ絵本』（偕成社）を使い，手話でも楽しむことができる。「ともだち」「オオカミ」など，主な言葉を手話ではどう表現するのか学び，絵本へと入っていく。「おだいだって！」は，どのように表現するのか，クイズにして，DVDへ導くのも一つの方法である。

| 所見
文例 | ◆ この授業で この言葉を ◆ |

> 　「ともだちや」の学習では，一生懸命に友だちをつくろうとするキツネの姿から，ワークシートには，「友だちになるために，自分からかかわっていきたい」という思いを書き表すことができました。（自己を見つめる）

（山形県　高木千鶴）

4.ありがたい

<関連する主な内容項目>　B　感謝

☆原実践　『とっておきの道徳授業9』（2010年4月初版）

　私たちは，日々の暮らしのなかで経験するほとんどの出来事を「当たり前」と思って生活していないでしょうか。実は，それは，思いあがった考え方なのです。

　見えること，聞こえること，話せること。食べられること，眠れること，遊べること，勉強できること……。丈夫に産んでくれた親，支えてくれている人々に，いつも感謝の心をもち，謙虚に生きていくことの大切さを子どもたちに伝える授業です。（p.13より）

教材 ・「『無知の自覚』と『無数の失敗』に育てられた」
（『PHP BUSINESS THE21　創刊25周年記念特大号』p.73～75より）
（PHP研究所）

・ **木村秋則さんの写真**

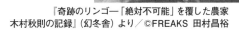

『奇跡のリンゴ―「絶対不可能」を覆した農家
木村秋則の記録』（幻冬舎）より／©FREAKS　田村昌裕

エース級の実力！

■ 日々の日常への効果

　「奇跡のリンゴ」は，学研4年の教科書に掲載されています（原実践では，高学年で実施）。ノンフィクションの資料ゆえ，説得力があります。この資料の内容が，授業後に継続して「効果」を発揮してくれます。日々繰り返すあいさつはもちろん，当たり前に過ごしている人たちや物事にも「ありがたい」という気持ちをもてるようになります。

■ 新学期に！

　4月のできるだけ早い時期に実施し，日々の生活のなかで「感謝の心」をもつことの大切さ，素晴らしさを指導したいものです。全教育活動における道徳教育の要となるのが週1回の道徳授業です。折に触れて「4月に勉強した『奇跡のリンゴ』の授業を覚えている？」と思い出させることで日ごろの生活態度を振り返らせたいものです。また，子どもたちが感謝の心を行動に移したら，その場を逃さずにほめてあげましょう。学級全体に「ありがたい」という気持ちが広がっていきます。

指導目標

日常の「当たり前」と思われている物事の存在意義に気づかせ、感謝と尊敬の念をもたせる。（道徳的心情）

準備するもの

・木村秋則さんの写真（提示用）
　※木村秋則オフィシャルホームページより
　　入手可能

授業の実際

まず、全員を起立させ、次のように聞いた。

❶自分ができて「当たり前」なことには、どんなことがありますか？

子どもたちが悩んでいるようであれば、たとえば、「朝起きてから今までに何をしましたか」という補助発問を行うとよい。

全員に発言の機会を与えるため、発言した子どもから座らせていく。

このとき、同じ内容でもよいことを伝え、そのときは「正」の文字でカウントし、全員の考えを板書する。

次のような発表があった。

「当たり前」
・しゃべる　・起きる　・朝食を食べる
・トイレに行く　・顔を洗う
・歩く　・遊ぶ　・勉強する　・寝る
・息をする　・風呂に入る

©FREAKS 田村昌裕

ここで、木村秋則さんの写真を提示する。
「この人は、『奇跡のリンゴ』という本を書いた木村秋則さんです」
と話した後、次のように説明した。

木村秋則さんは、リンゴ農家の方で、世界で初めて無農薬のリンゴを作った人です。しかし無農薬のリンゴを作るのは当時「不可能」と言われていました。

木村さんは一生懸命努力するのですが、たくさんの失敗を重ねます。もうこれ以上は無理だと思ったときに気づいたそうです。「そうだ、リンゴを作ってくれるのは『土』なんだ」と。そしてさらに研究し、9年目。ついに無農薬でリンゴの花を咲かせることに成功しました。木村さんは言います。

「私ががんばったんじゃない。リンゴががんばったんだよ」と。

（『『無知の自覚』と『無数の失敗』に育てられた』『PHP BUSINESS THE21　創刊25周年記念特大号』をもとに授業者が要約、以下同様）

「木村さんは、また次のように話しています」と言って、さらに説明を続けた。

お米農家の人に講演をしたとき、私は最初に「誰がお米を作っているんですか」と質問しました。するとみなさん、「私たち人間に決まっているじゃないか」という顔をする。それで私はこう言いました。

「米を作っているのは人間じゃない。人間の身体に米一粒実りますか。実らないでしょ。米を作り、みなさんの生活を支えてくれているのは稲や土なんですよ。今日ここまできた車も今着ている服も、稲や土のおかげで買うことができたんでしょ。

その後、木村さんは、お米農家の人にこんなことを聞きました。

今年、たんぼに「　　　　　」って言った人はいますか？

❷「　　　」にはどんな言葉が入ると思いますか？

　子どもたちからは，次の発表があった。

　・そうだったのか。気づかなくてごめんなさい。

　・おかげさまで不自由なく生きられます。

　・偉いね。

　実際の言葉は，「ありがとう」である。ここで，この「ありがとう」という言葉について子どもたちに聞いた。

❸「ありがとう」の反対語は何でしょうか？

　・感謝しない。

　・えらそうにしている。

　・無礼者

　・世間知らず

などの返答があった。

　次のように話した。

　「『ありがとう』は『有り難い』と書きます。つまり『なかなか存在しない』『滅多にない』という意味です。この反対語は『当たり前』だと言われています。最初にみなさんに『当たり前』と感じていることを出してもらいました。それらは感謝しない，偉そうにしていて，無礼で，世間知らずなことということになりますね」

　ここで，発問❶で出された「当たり前」に着目させて，次のように聞いた。

❹みなさんができて「当たり前」だと思っていることに対して，誰に「ありがとう」を伝えればいいでしょうか？

　出された考えに対して，

　・しゃべる→親や聞いてくれる相手

　・起きる→親

　・朝食を食べる→親や食べ物

などのように，誰に謝意を伝えるべきかを確かめながら進めた。

　一通り聞いたら，次のように語りかけた。

　「みなさん。窓の外を見てください。何が見えますか。いろんなものが見えますね。さて，今日は空が澄み切ってとてもきれいです

ね。何か感じた人はいますか」

　すると，

　「空をつくってくれた神さまは，すごい！」

という発言があった。

　この考えを受けて，次のように話した。

　「先生もね，こんなきれいな空を見ることができることに，とても感謝しています。自分を生んでくれた両親。そして，美しい空。空が澄み切っているのは，きっと空気もきれいだからなのでしょうね。私たちは，普段当たり前と思っていることでも，誰か（人間以外の何かも含んで）の支えがあってこそなんですね」

❺自分を支えてくれている人たちに感謝の気持ちを伝えるにはどうしたらいいですか。

　「お礼の手紙を書く」「言葉で『ありがとう』と伝える」「何か役に立てるようにお手伝いをする」などが出された。

ここで，次のように話した。

　「おうちの人や友達などのように毎日会える人たちには，ぜひ直接『ありがとう』の気持ちを伝えてください。でも，自分を支えてくださっている人たち全員に感謝の気持ちを伝えきるのは，なかなか難しいです。ですから毎日繰り返す『おはようございます』や『さようなら』『いただきます』『ごちそうさまでした』を，いつも心を込めて声に出すようにしましょう」

━ バージョン **UP!** ━

　原実践では全員で「ありがとう！」と言って終了したが，本実践はこの授業以降のあいさつの質を高める指導を加えた。「有り難い」という気持ちを日常のなかでももち続けてほしいからである。

　最後に，この時間を一緒に学び合った友達，先生に感謝の気持ちを伝えるために人生最高のあいさつをすることを話し，「ありがとうございました！」で授業を終えた。

●参考

・『奇跡のリンゴ―「絶対不可能」を覆した農家　木村秋則の記録』石川拓治：著
　NHK「プロフェッショナル仕事の流儀」制作班：監修（幻冬舎）
・『すべては宇宙の采配』木村秋則：著（東邦出版）
・『リンゴが教えてくれたこと』木村秋則：著（日本
　経済新聞出版）
・木村秋則オフィシャルホームページ
　「自然栽培が大地を救う」
　http://akinori-kimura.com/

●**普段の生活を振り返らせる**

　自然はあまりに壮大すぎて，人間はその恩恵に対して感謝の気持ちをもつことを忘れがちである。感謝の気持ちを忘れたときに人間は傲慢になり，結果として，不幸な人生を送ることになる。

　この授業を行った後は，折に触れて自分を支えてくれている人や物事に対する感謝の気持ちを確認する機会をもつようにする。そして，身近な人への感謝から，私たちの生命を育む自然への感謝の気持ちへと広げていく。

　何より大切なことは，毎日恵まれた環境のなかで，精いっぱい生きていくことだと伝えたい。

所見文例

◆ **この授業で この言葉を** ◆

　「奇跡のリンゴ」の学習では，苦労してリンゴを育てた木村さんの生き方に共感し，自分自身を支えてくれている人たちへの感謝の気持ちを表す方法を考え，発表しました。（自己の生き方）

（奈良県　土作　彰）

5.ぼくの生まれた日

<関連する主な内容項目>　D　生命の尊さ

☆原実践　『とっておきの道徳授業3』(2004年1月初版)

　　一つの命の誕生は，たくさんの人の喜びを生みます。『ドラえもん』に登場するのび太君が生まれたときも，家族みんなが大喜びしました。自分の命の誕生が，周りの人たちの喜びをも生んだことに気づかせ，「大切な命」を実感させたいと考えました。

　　さらに，自分は愛されていることにも気づかせ，これからの人生をしっかりと歩んでいこうという勇気をもたせたいと考えました。
(p.83より，一部修正)

教材　・「ぼくの生まれた日」（てんとう虫コミックス『ドラえもん』第2巻より）

藤子・F・不二雄：著（小学館）

これぞ エース級の実力！

■ これからを生きていくために

　「ぼくの生まれた日」を用いた教材は，光文4年・廣あかつき4年，2社の教科書に掲載されています。教科化以前も数社の副読本に取り上げられて
いたので，漫画の教材として広く知られるようになりました。教科書では，いずれも，内容項目「C　家族愛，家庭生活の充実」として構成されています。本実践では，内容項目「D　生命の尊さ」に位置づけ，自分の誕生を家族が喜んでくれたこと，家族に愛されていることに気づかせる展開にしました。

　自分という存在が，家族にとってどんなに大切か知ることは，これからを力強く生きていく心の支えとなります。

■ のび太が猛勉強を始めた訳とは

　今回，ドラえもんがのび太のために出してくれた物は，タイムマシンです。タイムマシンに乗って，のび太は自分が生まれた日の様子を見てきます。

　現在に戻ってきたのび太は，急に夜遅くまで勉強に励んでいます。のび太を猛勉強に向かわせたものは何なのかを考えていきます。

指導目標

のび太が猛勉強を始めた理由を考えることを通して、自分に対する家族の愛情や思いに気づき、これからの生活を精一杯生きていこうとする心情を育てる。（道徳的心情）

準備するもの

・教材「ぼくの生まれた日」（『ドラえもん』第２巻p.48〜57）のコピー（配付用）
・各コマの拡大コピー（提示用）
①喜んだ顔の父親（p.54の２段目左）
②怒った顔の父親（p.57の左上）
③何かを考えているのび太の顔（p.57の２段目左）

授業の実際

「今日のお話の主人公は、この人です」
と、１コマ目（p.48右上）を提示。
すぐ、「のび太だ！」の声があがった。
「今日は、のび太の生き方から、どんなことが学べるかな」
と話し、「勉強しろ、勉強しろと言われると嫌になる」とのび太が話している次の４コマを続けて提示した（PCと大型テレビを使用）。
「のび太みたいな経験、みんなもある？」
と尋ねると、「あるある」の声。
「言われちゃうと、嫌になるんだよね」と、のび太のセリフに共感している子が多かった。

【ぼくの生まれた日】と板書し、上掲の48ページと結局勉強せず怒られる49ページを配付した。子どもたちは、手元に届いたらすぐ、興味津々で読んでいた。
続けて、
「この後、のび太は、お父さんとお母さんからものすごく怒られているね」
と言いながら、ひどく怒られたのび太が、ぼくはこの家の本当の子どもではないのだと言いだしタイムマシンで確かめる50〜51ページを配った。

内容を確認した後、
「のび太の誕生日は、いつ？」
と尋ねると、「８月７日！」と、すぐ答えが返ってきた。その返答を受けて、
「誕生日の昭和39年８月７日に到着すると、お父さんが走りこんできました」
と話し、お父さんがのび太が生まれた病院へ急ぐ52〜53ページを配付した。
お父さんの様子（一刻も早く生まれた子どもに会いたくて、慌てふためいていること）をつかませるため、
「こんなお父さん、いなかった？」
と、次の３場面を提示して探させた。

p.52 左上	「どこだ」と言いながら走り込んでくる父親
p.52 右下	生まれた赤ん坊を探して部屋中を走り回る父親
p.53 ２段目	のび太たちが追いつけないほどの速さで病院にかけていく父親

「お父さん、どんな様子？」
と尋ねると、
「すごく慌てている」という返答があった。

❶なぜ、のび太のお父さんは、こんなに慌てているのだと思いますか。

・早く、子どもに会いたいから。
・うれしくてたまらないから。
などが出された。
「病院に走っていくお父さんは、何て言っているのかな？」
ここだけ、父親のセリフがないので、どんなことを言っていると思うか考えさせた。
すると、「急げ急げ」「今、行くぞ」「赤ん坊に会えるぞ」などのつぶやきがあった。
「子どもに会いたくてたまらないお父さん。さて、病院に着くと……」と語りながら、残り４ページすべてを配った。
全体に目を通したところで、
「のび太が生まれて、家族はどんな様子でしたか」
と尋ね、

「うれしそう」「喜んでいた」という言葉を引き出した。

そして，【のび太のたん生】と板書し，その言葉を円で囲んだ。

その周りに，吹き出しで，お父さん・お母さん・おばあちゃんが喜んだことを記した。

❷家族が喜んでいるのは，どんなところからわかりましたか。

・お父さんが，「なんて，かわいい」と言っているところ
・おばあちゃんが，ご先祖様に報告に行ったところ
・お父さんもお母さんも笑顔なところ
・名前を考えていたところ
・のび太の将来についてお父さんとお母さんで話し合っているところ

発言のたびに，黒板の【喜んだ】という言葉を指し，認める言葉をかけた。どの子も登場人物をよく見ていた。

そして，

「のび太の誕生は，家族の喜びにつながったんだね。みんなが生まれたときも，ご家族はとっても喜んだと思うよ」

と話し，【子どものたん生→家族の喜び】と板書した。ここで，

「お父さん，こんな顔になってすごく喜んでいたね」

と，54ページの2段目左の喜んだ顔のお父さんを拡大コピーしたものを提示した。続けて，

「でも，こんな顔したお父さんも，いなかった？」

と，57ページの左上の怒った顔のお父さんを拡大コピーしたものを提示した。

怒っているお父さんが描かれているコマに注目させ，

「どんなときに怒っているのかな？」

と尋ね，54ページでのび太が赤ちゃんを「しわくちゃでサルみたい」と言ったときに怒ったことを押さえた。

さらに，

「何か気づくことはありませんか」

と尋ね，母親も怒っていることに気づかせた。

❸お父さんとお母さんが怒ったのは，なぜだと思いますか。

・自分の子どもの悪口を言われて，腹が立ったから。
・自分の子どもが大事だから。
・知らない人に，子どものことを悪く言われたから。

子どもたちの発表を聞き，

「自分の子どもの悪口を言われて腹が立つのも，こんな子になってほしいなと願うのも，生まれる前から名前を考えていたのも，全部，わが子への愛情があるからなんだよ。のび太は，両親にとって，大切な大切な子どもなんだね」

と話し，【わが子への愛情】と板書した。

バージョン **UP!**

両親の様子に着目させ，のび太に怒ったのは，わが子への愛情から出た行為であることをつかませる。これは，のび太が猛勉強を始めた理由を考えさせるときの手がかりにもなる。

「のび太は，こんな顔して何かを考えた後，突然勉強を始めたね」

と，57ページの2段目左ののび太の顔を拡大コピーしたものを提示した。

❹なぜ，のび太は猛勉強を始めたのだと思いますか。

・自分が生まれたことを家族みんなが喜んでくれていたから。
・お父さんもお母さんも，自分を愛してくれているから。
・両親が，自分の将来を楽しみにしてくれていたから。

出された意見は板書し，吹き出しで囲んだ。最後に，

「今日の学習から，どんなことに気づきましたか。これからどんなふうに生活していきたいですか」

と尋ね，ワークシートに自分の考えを書かせて授業を終えた。

●板書例

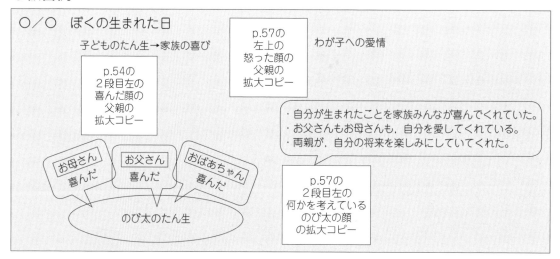

●こんな活動を

①本実践の前に，両親の生まれたときの思いを祖父母にインタビューさせると「親の愛情」についての理解が深まる。

②前もって，おうちの人に授業の趣旨を知らせ，「子どもたちが生まれたときの思い」を手紙に書いてもらい，最後の④の活動前に渡す。自分という存在は家族にとってかけがえのない存在であることを実感させられる。

③本実践後，自分の誕生のときのエピソードや家族の思いをインタビューし，「2分の1成人式」などの活動につなげる。自分の生活を振り返らせ，親への感謝の気持ちをもたせる。

④DVDで「ぼくの生まれた日」の学習をする。映像だと，より感動的に理解できる。

⑤『いのちのいれもの』（小菅正夫：文 堀川真：絵／サンマーク出版），『おじいちゃんのおじいちゃんのおじいちゃんのおじいちゃん』（長谷川義史：著／BL出版），『いのちのまつり ヌチヌグスージ』（草場一壽：作 平安座資尚：絵／サンマーク出版）などの絵本を教材にした授業を行い，「命のつながり」「命の大切さ」について学ばせる。

所見文例

◆ この授業で この言葉を ◆

「ぼくの生まれた日」の学習では，親の愛情に気づき猛勉強を始めるのび太の姿を自分との関わりで考え，自分に対する親の愛情や思いに気づき，ワークシートに，これからの生活でがんばっていきたいことを具体的に書き表すことができました。（自己の生き方）

（山形県　高木千鶴）

第Ⅰ部

第4章

実践編

高学年教科書

第Ⅰ部

第4章

実践編

高学年教科書

高学年 1.あんぱんまんは 正義の味方

<関連する主な内容項目>　D　よりよく生きる喜び

☆原実践　『とっておきの道徳授業3』（2004年1月初版）
　　　　　『とっておきの道徳授業6』（2007年3月初版）

> アニメの世界では，たくさんのヒーローが活躍しています。でも，アンパンマンほど，自分を傷つけながら困った人を助けるヒーローはいません。
>
> アンパンマンの優しさは，無償の愛です。相手に喜んでもらえるから救う──それだけでは，ありません。救うことそれ自体がアンパンマンの喜びであるのです。（『とっておきの道徳授業3』p.143，一部修正）

教材　・キンダーおはなしえほん傑作選8『あんぱんまん』やなせたかし：作・絵（フレーベル館）
　　　・新聞記事「元気のひみつ」漫画家　やなせたかしさん　朝日新聞　2006年8月6日

これぞ
エース級の実力！

■「思いやり」「正義」から「よりよく生きる喜び」へ

　アンパンマンが登場する教材は，光村5年の教科書に掲載されています。内容項目は「D よりよく生きる喜び」です。原実践は，いずれも低学年向けとして実施され，内容項目は，上掲書の『とっておきの道徳授業3』では「思いやり」，『とっておきの道徳授業6』では「善悪の判断と勇気」として構成されています。

　今回の実践は，高学年の新項目である「よりよく生きる喜び」を「主な内容項目」とし，正義とは何かを考える学習活動に加えて，アンパンマンの生きる喜びに焦点を当てた内容にバージョンアップしました。

■ 正義を実践する

　やなせたかしさんは，「ひもじさを救うのが正義」と言います。戦争体験を通じたこの思いから誕生したのが，正義の味方・アンパンマンなのです。子どもたちが考えた正義と比較すると，ある共通点がわかります。それは，どちらの場合でも，相手から返ってくる言葉があることです。それは，「ありがとう」。ありがとうと言われる行いが正義であると定義づけることで，学校生活における「正義の実践化」へとつなげることができます。

指導目標

「ありがとう」と言われる行いが正義であることを知り，人を幸せにできる生き方をしたいという思いをもたせる。（道徳的心情）

準備するもの

・教材『あんぱんまん』（提示用）
・やなせたかしさんの顔写真（提示用）
・教材「元気のひみつ」（p.62に掲載）

授業の実際

「今日は，この人に関係のある勉強です」
と言って，やなせたかしさんの写真を提示した。子どもたちからすぐに「やなせたかしさん」という声があがった。

❶**お話をしたい人，どうぞ。**

　子どもたちからは，
　・アンパンマンの作者
　・たくさんのアニメや絵本を作った。
　・長生きしたけど，何年か前に亡くなった。
　・アンパンマンの他にも，いろいろなキャラクターがいる。
という発言があった。やなせさんが亡くなられたことを話した子どもがいたので，
【2013年10月　94歳で亡くなる】と書き加えた。
　子どもたちの発言は，「やなせさんはどんな人か」から，「アンパンマンはどんなキャラクターか」という視点に移っていった。
　・アンパンマンは，正義の味方だよ。
　・アニメでは，ばいきんまんなどの悪者にも最後は優しくしてくれる。
　・アンパンマンは，「弱いヒーロー」だという話を聞いたことがある。
　発言が途切れたところで，
「みなさんから，この言葉が出てきましたね」
と言って，【正義の味方　ヒーロー】と板書した。そして，
「それでは，正義の味方・みんなのヒーロー・

あんぱんまんの登場です」
と言って，前掲の絵本のあんぱんまんの絵を見せた。「あれ？」と不思議そうな反応をした子を指名したところ，
「指が5本あって，顔の感じも違います」
という返答があった。
「これが，やなせさんが最初にかいたあんぱんまんなのです」
と言って，絵本の表紙を見せた。発問❶のときは「アンパンマン」と片仮名で書いたが，ここでは，最初の表記に合わせて「あんぱんまん」と平仮名で板書した。

さく・え／やなせたかし
『**あんぱんまん**』
（フレーベル館）

「では，最初のあんぱんまんはどんな話だったのか，読んでみましょう」
と話し，黒板の前に子どもたちを集め，絵本を読み聞かせた（高学年でも，この形での読み聞かせは有効である）。次のような話である。

> 　広い砂漠の真ん中で，一人の旅人が空腹で困っている。そこへあんぱんまんがやってきて，自分の顔を食べさせ助けてくれる。今度は，森の中で迷子になった男の子が空腹で泣いている。顔が半分になったあんぱんまんがやってきて，助けてくれる。顔がなくなったあんぱんまんは，パン工場のおじさんに顔を作ってもらい，「また　おなかの　すいた　ひと　を　たすけに　いってきます」と飛び立っていく。（『**あんぱんまん**』をもとに授業者が要約）

　読み聞かせを終えたら，さきほど黒板に書いた「正義の味方」の部分を色チョークで囲んで次の発問をした。

❷**あんぱんまんは，なぜ「正義の味方」なのでしょうか。**

　・お腹を空かせている人を救ってくれる。
　・自分の顔がなくなることよりも，お腹を空かせている人のことを考えている。
　・みんなから好かれているし，ばいきんまんとかとも，本当は仲良しのようだから。
　子どもたちの発表の後，次のように聞いた。

❸そもそも正義とは何でしょうか。

短冊を配り，短い言葉でズバリ書くように指示した。書き終えた子から，黒板にネームカード（マグネット）ではった。

以下のような言葉が書かれてあった。
- ・誰かを助けること　・感謝される行動
- ・正しい行動　・みんなが幸せになること
- ・悪を滅ぼすこと　・悪の反対

子どもたちが考えた正義の意味を確認し，
「やなせさんは，正義の意味をこんなふうに言っています」
と話した後，次のように板書した。

ひもじさを救うこと

国語辞典で「ひもじい」を調べてみると「ひもじい＝とてもお腹がすいていること」とある。

❹やなせさんは，どうして「ひもじさを救うのが正義だ」と言っているのでしょう。

授業の前半で板書した【2013年10月　94歳で亡くなる】の文字を指して，ここにヒントがあることを伝えると，
- ・すごい長生きをしたので，昔は，お腹が空いて大変なことが多かったから。
- ・戦争があったころは，食べ物がなくて大変だったと勉強した。だから，生きるためには食べ物が一番大事だと考えた。
- ・やなせさんがアンパンマンをかいたのも，ひもじさを救うことに関係がある。
という意見が出された。

ここで，教材「元気のひみつ」の3段目「アンパンマンを生んだのは……」以下を読み聞かせた。そして，【戦争体験を通じた「ひもじさを救うのが正義」という思い】の言葉を板書した。

❺みなさんが考えた正義と，やなせさんが言う正義とを比べてみましょう。
- ・お腹が空いているというところは違う。
- ・誰かを救う，助けるということは同じ。
- ・時代は違うけど，似ているところが多い。

子どもたちの話し合いを聞いた後，
「みなさんが考えた正義でも，やなせさんが言う正義でも，相手から必ず返ってくる言葉があります。平仮名5文字です。それは，何でしょうか」と尋ねた。

子どもたちは，すぐにわかったようである。5人の子を指名して，1文字ずつ言わせた。

【　あ り が と う　】

板書後，さきほど読み聞かせた絵本『あんぱんまん』の8ページを見せた。この場面には，「ありがとう。あんぱんまん。おかげで　たすかりました」という旅人の言葉が書かれてある。

どんな時代であれ，「『ありがとう』と言われる行いが正義である」ことは，今も変わってはいないことを話した。ここで，
「『アンパンマンのマーチ』を知っていますか」と尋ねたところ，ほとんどの子が「知っている！」と答えた。最初の歌詞を板書した。

そうだ うれしいんだ　生きる よろこび

❻アンパンマンがうれしい「生きるよろこび」とは何なのでしょう。

子どもたちからは，
- ・お腹を空かせている人を助けること。
- ・自分の顔（パン）をあげて，困っていた人が幸せになれること。
- ・今日，勉強したように「誰かからありがとう」と言われること。
という発言が続いた。

最後に，「アンパンマンのマーチ」をみんなで聴いて授業を終えた。

※教科書（光村5年，p.191〜）を活用できる。

バージョン UP!

この授業は，『とっておきの道徳授業3』と『6』に収めてある2つの原実践をもとに，高学年向けに再構成したものである。「思いやり」「正義」から一歩進んで「生きる喜び」について，子どもたちに考えさせたい。

●**教材** 元気のひみつ
　　　　漫画家　やなせたかしさん
　　　　「朝7，夜20種の野菜スープ」
　　　　朝日新聞　2006年8月6日

漫画家
やなせ　たかしさん

元気のひみつ

朝7、夜20種の野菜スープ

「人生なんで夢だけど、夢の中にも夢がある」

「でも全然元気じゃない。もう死にますよ」と苦笑い。50歳を過ぎてから。空腹で困った人に自分の顔をちぎって食べさせる、ちょっと変わったヒーローだ。

糖尿病、白内障、心筋梗塞などを患い、月に1回、大学病院で検査する。昨年は胃臓がんの手術をした。

に7台も言ってしまった。アンパンマンを生んだのは

CDデビューを果たした自作曲「ノスタル鈴さん」を伴奏のないまま、身ぶりをまじえて熱唱してくれた。メロディーは口ずさんで採譜してもらうそうだ。作曲家として「ミッシェル・カマ」という別名を名乗っている。

毎朝晩のむ、大根やしょうがなど、さまざまな野菜のスープが活力源。朝は7種類ほど、夜は20種類も野菜を入れてくる。

「あまり強くないので子どもには受けないと思っていた。ところが、5歳以下の子には大人気となった」。戦争体験を通じた「ひもじさを救うのが正義」という思いがちりばめられている。

あまり激しい運動はできないが、時々、東京・新宿の百貨店内を歩き回る。「外を歩くより安全。なにより商品をながめていると世の中の動きを知ることができる」。最近はロボット掃除機を売り場で気に入り、各部屋とプレゼント用

写真・松永健夫
文・服部尚

◉きのう・明日

1919年生まれ。高知新聞社や三越宣伝部などに勤めたあと、漫画家になる。73年に初代アンパンマンを絵本化、約10年かけてじわじわ人気が出た。88年にテレビアニメ放送が開始された。映画シリーズも今夏で18作目を数える。故郷にある高知県香美市立やなせたかし記念館（アンパンマンミュージアム）は開館10周年を迎えた。

●やなせたかしさんの思いを伝える

　「授業の実際」に記した通り，やなせたかしさんは，2013年10月に永眠されました。94歳でした。インターネットで検索すると，やなせさんの功績をたたえるたくさんの情報が入手できます。また，お亡くなりになったことを伝える報道ニュース（動画）も視聴することができます。ICTを活用して，やなせさんの「生の声」を伝えることで，やなせさんの思いが子どもたちの心に強く響きます。

所見文例

◆ この授業で この言葉を ◆

　「アンパンマン」の作者・やなせたかしさんの思いを題材に学習したときには，正義とは誰かから「ありがとう」と言われる行為であることを理解し，「自分も学級の中で誰かのためになる行動をしてみたい」とノートに自分の考えを書いていました。（自己の生き方）

（山形県　佐藤幸司）

2.ぼくがいるよ

<関連する主な内容項目>　C　家族愛，家庭生活の充実

☆原実践　『とっておきの道徳授業14』（2017年2月初版）

　日々の生活のなかでは，家族が近くにいて当たり前です。そのため，ときとして，家族と一緒にいられるありがたさを子どもたちは忘れてしまいがちです。だからこそ，家族の誰か一人でも欠けたときの喪失感や寂しさは，大きいものとなります。
　これは，一人の小学生の母親を思う作文を通して，かけがえのない存在である家族について考える授業です。（p.17より）

教材　・**作文「ぼくがいるよ」** 森田悠生：作
（NPO法人日本語検定委員会主催
第5回「日本語大賞」小学生の部 文部科学大臣賞）

これぞ
エース級の実力！

■ 親子の絆を自分のこととして考える

　作文「ぼくがいるよ」は，学研5年，廣あかつき3年の教科書に掲載されています。いずれも，内容項目は「C　家族愛，家庭生活の充実」です。親子の絆について，児童作文を通して捉え返す授業です。力のある教材なので，自分事として考えることができれば，深く自己を見つめ直すことができます。子どもたちの心に印象深く残る内容になっています。

■ 最後は自分へ戻る

　授業は，調理実習や家庭料理のことを話す活動から入ります。体験談を交流させたり，作文を読んだりして家族への思いを考えた後は，授業の後段でもう一度自分と対話させます。そして，家族への向き合い方や行動化につながる手立て（何をすればよいか）を考えさせます。
　授業後は，実際に行動してどうだったかを日記などで振り返らせると行動の記録にもなります。

指導目標

　子どもの作文を通して家族の絆について考え，家族や家庭生活を大切にしようとする気持ちを育てる。（道徳的心情）

準備するもの

・教材　作文「ぼくがいるよ」（p.66に掲載）
　（提示用）

授業の実際

　家庭科の調理実習を終えた後に授業をしたので，まずその感想を聞いた。その後，次のように問う。

❶お母さんはお家で料理を作るときに，どんなことに気をつけていると思いますか。

　・火から離れないようにする。
　・塩と砂糖を間違えないようにする。
　・手を切らないようにする。
　・盛り付けに気をつける。
などの意見が出された。

❷もし，その味付けがまずかったらどうでしょうか。

　「食べない」「ショック」という意見の一方で，「おいしいけど○○したらと言う」「笑顔でおいしいような顔を作る」「一気に食べて，おいしくていっぱい食べたふりをする」と母親をかばうような意見も多かった。

――バージョン **UP!**

　自分の母親を例に挙げることで，生活からスムーズに導入ができる。さらに，母親の料理の味付けがまずいと仮定して考えさせることにより，資料とのリンクを図る。

　ここで，作文の前半部分を範読する。2カ所を空欄にしておく。

「ぼくがいるよ」
　お母さんが帰ってくる！（中略）
　お母さんの様子が以前とちがうことに気が付いたのはそれから数日経ってからのことだ。みそ汁の味が急にこくなったり，そうではなかったりしたのでぼくは何気なく□□□□□□□□□□と言ってしまった。すると，お母さんはとても困った顔をした。
　「実はね，手術をしてから□□□□□□□□□□□□□□だから，料理の味付けがてきとうになっちゃって……」お母さんは深いため息をついた。そう言われてみると最近のお母さんはあまり食事をしなくなった。作るおかずも特別な味付けが必要ないものばかりだ。

　ここまでを範読してから，空欄になっている会話部分を問う。

❸「ぼくは何気なく」何て言ってしまったのでしょうか。

　子どもたちからは、次のような意見が出された。

　・変な味がする。　　・味付けが変わったね。
　・おいしくないよ。　・いつもとちがうね。
　・濃すぎだよ。　　　・お母さんどうしたの。
　・お母さん最近料理が下手になったね。
　実際には，

【なんだか最近，みそ汁の味がヘン】

と書いてあることを知らせる。そして，続けて発問❹をした。

❹お母さんは，「実はね，手術をしてから」何て言ったのでしょうか。

　・味覚がおかしいの。
　・最近，味が全然わからなくなってきたの。
　・料理の作り方を忘れてしまった。
　・体が弱ってしまった。
　・どんな味付けだったか忘れてしまったの。
　・体が不自由になってしまった。

意見が出尽くしたところで，

> お母さんの言葉【味と匂いが全くないの】

を伝えた。子どもたちは，一瞬「えっ」と，驚いたような悲しいような表情になった。

❺みんなは，きらいなものを食べるとき，鼻をつまみませんか。どうしてつまむのですか。

子どもたちは「味がしないから」と言う。そこで，「じゃあ，大好きなものでも味がしなかったら残念だね」と述べて，後半部分を最後まで読む。

> しだいにお母さんの手作りの料理が姿を消していった。　（中略）
> 　いつか，お母さんの病気が治ることを祈りながら心の中でそうくり返した。

子どもたちは，真剣に作文に聞き入っていた。読み終えたら，次の発問をした。

❻あなたがお母さんに，「もっと頼ってもいいよ」と言えることは何ですか。

質問が出たので，お母さんではなくても家族の人なら誰でもよいと補足した。

━━ バージョン UP! ━━

授業の後段は資料から離れ，自己を見つめる時間を多く取る。やってもらうのが当たり前の日常を見つめ直し，家族の一員としての自覚を促す。高学年として自分にできることを考えさせるのがねらいである。登場人物の気持ちを考えさせるだけでは不十分である。

自分の考えをノートに書かせた。書き終えた子から，自分でその言葉を黒板に書かせた。黒板が，手伝いたいことでいっぱいになった。

- ・皿洗い　・ごみを出す　・電池交かん
- ・料理　・ふろそうじ　・家事全部
- ・洗たく　・妹のめんどう
- ・買い物　・トイレそうじ

・せんたくものをほす，他多数。

自分が書いたことの中で，すでにやっているものには○をさせる。そうすることで，できている自分とできていない自分を確認させた。

ある子どもが，箇条書きではなく文章で書いていたので，みんなの前で発表させた。

「私は，料理を作るときにもっと頼ってもいいよと思います。私は，たまに料理のお手伝いをしているけど，野菜を切るなどかんたんなことばかりなので，焼くこととかの少し大変なこともまかせていいよと思いました」

授業後の感想を読むと，この子の発表が他の子の考えにも影響を与えたことがよくわかった。めあてを達成する上で有効な意見は，臨機応変に取り上げたい。

最後に，「頼ってもいい」という言葉には幅広い意味があること，そして，これからも少しでも家族の役に立つことができるとよいことを述べて，授業を終えた。

●授業後の感想

- ・今日の授業を受けて，「ぼくがいるよ」という作文を4年生で書けるなんてすごいと思いました。母の作る料理の味がいつもとちがうとき，私は“ぼく”と同じですなおに言います。でもそれは，母のせいではなくて，私の口に合わないだけだなと今思いました。私が親に頼っていいよと言えることは少ししかありませんが，親に頼ってもらえるということはうれしいことだなと思いました。だから，これからは親に頼ってもらえるために，家事などをがんばりたいなと思いました。

- ・私は今日の学習をして，自分はお手伝いはたくさんやっている方だと思っていたけど，それはかん単な事ばかりだったので，これからはもっとがんばっていろいろな事をやってみようと思いました。頼りにしてもらえる人になりたいです。

- ・わたしは今日，家族がたくさんの仕事をやっているんだなと改めて思いました。今までにわたしがやっていたのはほんの一部でした。お母さんが一人で全部やっていたことが多かったので，「仕事」としてがんばりたいです。

●**教材** 作文「ぼくがいるよ」 千葉県富津市立富津小学校４年 森田悠生

お母さんが帰ってくる！ 一ヶ月近く入院生活を送っていたお母さんが戻ってくる。お母さんが退院する日，ぼくは友だちと遊ぶ約束もせず，寄り道もしないでいちもくさんに帰宅した。久しぶりに会うお母さんとたくさん話がしたかった。話したいことはたくさんあるんだ。

帰宅すると，台所から香ばしいにおいがしてきた。ぼくの大好きなホットケーキのはちみつがけだ。台所にはお母さんが立っていた。少しやせたようだけど，思っていたよりも元気そうでぼくはとりあえず安心した。「おかえり」いつものお母さんの声がその日だけは特別に聞こえた。そして，はちみつがたっぷりかかったホットケーキがとてもおいしかった。お母さんが入院する前と同じ日常がぼくの家庭にもどってきた。

お母さんの様子が以前とちがうことに気が付いたのはそれから数日経ってからのことだ。みそ汁の味が急にこくなったり，そうではなかったりしたのでぼくは何気なく「なんだか最近，みそ汁の味がヘン。」と言ってしまった。すると，お母さんはとても困った顔をした。

「実はね，手術をしてから味と匂いが全くないの。だから，料理の味付けがてきとうになっちゃって……」お母さんは深いため息をついた。そう言われてみると最近のお母さんはあまり食事をしなくなった。作るおかずも特別な味付けが必要ないものばかりだ。

しだいにお母さんの手作りの料理が姿を消していった。かわりに近くのスーパーのお惣菜が食卓に並ぶようになった。そんな状況を見てぼくは一つの提案を思いついた。ぼくは料理が出来ないけれどお母さんの味は覚えている。だから，料理はお母さんがして味付けはぼくがする。共同で料理を作ることを思いついた。

「ぼくが味付けをするから，一緒に料理を作ろうよ。」ぼくからの提案にお母さんは少しおどろいていたけど，すぐに賛成してくれた。「では，ぶりの照り焼きに挑戦してみようか」お母さんが言った。ぶりの照り焼きは家族の好物だ。フライパンで皮がパリッとするまでぶりを焼く。その後，レシピ通りに作ったタレを混ぜる。そこまではお母さんの仕事。タレを煮詰めて家族が好きな味に仕上げるのがぼくの仕事。だいぶ照りが出てきたところでタレの味を確かめる。「いつもの味だ。」ぼくがそう言うと久しぶりにお母さんに笑顔が戻った。

その日からお母さんとぼくの共同作業が始まった。お父さんも時々加わった。ぼくは朝，一時間早起きをして一緒に食事を作るようになった。

お母さんは家族をあまり頼りにしないで一人でなんでもやってしまう。でもね，お母さん，ぼくがいるよ。ぼくはお母さんが思っているよりもずっとしっかりしている。だから，ぼくにもっと頼ってもいいよ。ぼくがいるよ。

いつか，お母さんの病気が治ることを祈りながら心の中でそうくり返した。

（NPO法人日本語検定委員会主催 第５回『日本語大賞』小学生の部 文部科学大臣賞）

所見文例 ◆ **この授業で この言葉を** ◆

「ぼくがいるよ」の学習では自分の経験をしっかりと振り返り，ご両親への感謝の気持ちと家族の一員としての在り方について思いを深めることができました。（自己を見つめる）

（島根県 高田保彦）

3.命を見つめて

<関連する主な内容項目>　D　生命の尊さ

☆原実践　『とっておきの道徳授業7』(2008年8月初版)

> あなたは，どんなときに「幸せだ」と感じますか。
> こう聞かれれば，多くの子どもたちは，何か楽しいことをしているときを思い浮かべるはずです。
> では，本当の幸せって何でしょう。
> 毎日を楽しく過ごすことが，本当の幸せなのでしょうか。何が幸せなのか，毎日をどう生きたらいいのか。
> 子どもたちに，本当の幸せを考えさせてくれるメッセージを込めた授業です。(p.77より)

教材　・『瞳スーパーデラックス』　猿渡瞳：著（西日本新聞社）

◁これぞ
エース級の実力！

■ 生きるって素晴らしい！

　「命を見つめて」の教材は，学研6年の教科書に掲載されています。内容項目は，「D　生命の尊さ」です。

　本実践では，同世代の少女からのメッセージを受け取り，生きることの尊さを改めて考え直していきます。

　命を粗末にすることなく，たった一つの自分の命を大切にする人になって成長していってほしいという願いで授業を行いました。

■ 命のメッセージを

　生きること，それ自体素晴らしいのだ，ということに気づいてほしいのです。もし，自殺を考えている子がいたら，考えを変えてほしいのです。生きていれば，必ず前に進んでいくことができます。

猿渡瞳さん（撮影：2004年7月2日 青少年健全育成弁論大会）

　限られた命を見つめ，前向きに明るく強く生きていこうとする瞳さんの姿を通して，子どもたちに"命のメッセージ"を届けます。

指導目標

猿渡瞳さんのメッセージを受け止め，命を大切に前向きに生きていこうとする意欲をもたせる。（道徳的実践意欲）

準備するもの

・教材『瞳スーパーデラックス』
・産声または乳幼児の泣き声の音源
・赤ちゃんの写真（提示用）
・作文「命を見つめて」を録音したもの

授業の実際

最初に，次の指示をした。

❶自分が生まれた日をノートに書きましょう。

全員が書いたことを確認して，次に，赤ちゃんの産声を聞かせた。

❷この声は何でしょう。

子どもたちからは，
・赤ちゃんが生まれたときの声だ。
・赤ちゃんの泣き声。
という返答があった。ここで，赤ちゃんの写真を見せて，自分もこうして生まれてきたことをイメージさせた。

「みなさんも，こんなふうに『オギャー』と産声をあげて生まれてきて，今まで生きてきたのですね」
と言って，次のように黒板の右上に板書した。

生

「生」という文字に注目させて，次のように話した。

「命が生まれる確率は，当選金額1億円の宝くじを100万回連続で当てることと同じくらいまれなことだと言っている人*がいます。生まれて生きることは奇跡であり，素晴らしいことなのです」

子どもたちは，「なるほど」「不思議だな」というふうに，納得したり，少し驚いたりしながら聞いていた。

─── バージョン **UP!** ───
命は奇跡的な確率で誕生していることを伝える。そして，生まれてきたことに対する感謝の気持ちをもたせていく。

次に，
「今，みなさんは，生きています。でも，必ず死はやってきます。病気で死んだり，事故に遭ったり，悩みなどから自ら命を絶ってしまう人もいます」
と話して，

死

と黒板の左上に板書した。

❸あなたが，「生きてきてよかったなぁ」と感じるときはどんなときですか。

ここは，挙手のあった子どもを次々に指名して，テンポよく進めた。次のような発表があった。
・おいしいものを食べたとき
・特別ないいことがあったとき
・試合で勝ったとき　　　　・寝るとき
・ほめられたとき

生きていると，うれしいことや楽しいこと，悲しいこと，つらいことなどがさまざまにあることを確認して，次のように聞いた。

❹生きていてみなさんは，今，幸せですか。

幸せと思う人は〈○〉，幸せではないと思う人は〈×〉をノートに書かせた。

挙手で確かめたところ，全員が〈○〉だった。

「全員が幸せと思っています。とても素晴らしいことですね。安心しました」
と話した。

子どもたちに，さらに深く幸せとは何だろうと考えさせるために，次の発問をした。

❺あなたにとって「本当の幸せ」とは何ですか。

　以下のような発表があった。
・周りも自分も笑顔で楽しいこと
・今の時代を生きていること
・大切な人が身近にいること
・母親に怒られること（自分のためを思って怒ってくれるから）
・努力して助け合って笑えること
・今，生きていること
　子どもたちは，これまで自分たちが生きてきた生活を振り返りながら，「本当の幸せ」について，真剣に考えていた。
　全員の発表が終わったところで，猿渡瞳さんの写真を見せた。

　「この人は『さるわたりひとみ』さんと言います。福岡県大牟田市の中学2年生のときの写真です」
と話し，次のように問いかけた。

❻瞳さんは「本当の幸せ」をどう考えたでしょう。

　数分，時間をとって考えさせた後，あえて発言は求めずに，タブレットで瞳さんの言葉を提示した（板書した）。

「今，生きている」

❼みなさんの考えと比べてどう思いますか。

　子どもたちからは，「似ている」「わかる」という声が聞こえた。一人の子が，
　「もしかしたら，病気なのかもしれない」
と発言した。この発言に対して，
　「ああ，そうかも……」
と真剣な顔でつぶやく子どもがいた。
　瞳さんについて紹介した。

骨肉腫（骨のがん）

　板書した後，教師の説明を加える。
　「瞳さんは，小学6年生で骨肉腫になりまし

た。闘病生活のなかで，仲間の死をたくさん見ています。自分自身も右足の切断を迫られたりします。苦しい闘病生活をがんばり抜き，困難に出合うたびに前向きに生きようとする瞳さん。これは，死の数カ月前に開かれた『青少年健全育成弁論大会』で発表した作文です。課題は『伝えたいこと』。骨肉腫の告知を受けた瞳さんが，病気を通して考えたことを，出場する直前まで書き直し，つづりました」
　次に，瞳さんの作文「命を見つめて」を子どもたちに読みきかせた。
　中学生に読んでもらったものを聞かせた。同じ中学生が読むことで，より強く瞳さんの思いが伝わってくる。
　※音源は，同僚の中学生のお子さんに頼んで録音したものを準備した。タブレットで作文の文章を見せながら聞かせた（作文の原文はp.70に掲載）。
　瞳さんは，本当の幸せとは，「地位でも，名誉でも，お金でもなく『今，生きている』という事なんです」と私たちに語りかけている。そして，「病気になったおかげで生きていく上で一番大切な事を知る事が出来ました。今では心から病気に感謝しています。」とつづっている。
　読み終えたとき，教室の中がシーンとなった。瞳さんのメッセージを子どもたち一人一人が心で受け止めているようだった。
　子どもたちに，次のように問いかけた。

❽瞳さんの作文から，何を感じますか。

　自分が感じたことを「授業の感想」という形で書くように指示した。話し合いはもたずに，各自，ノートに書かせた。

ーバージョン UP!ー

　原実践では，「瞳さんにとって一番大切なもの」について聞いた。ここでは，瞳さんの生きることに対する前向きな思いを一人一人に伝えたいと考え，あえて焦点化しない発問にした。

＊　村上和雄（筑波大学名誉教授）の言葉。月刊『致知』より

●**教材** 作文「命を見つめて」 大牟田市立田隈中学校 2年 猿渡 瞳

みなさん，みなさんは本当の幸せって何だと思いますか。実は，幸せが私たちの一番身近にある事を病気になったおかげで知ることができました。それは，地位でも，名誉でも，お金でもなく「今，生きている」という事なんです。

私は小学6年生の時に骨肉腫という骨のガンが発見され約一年半に及ぶ闘病生活を送りました。この時医者に，病気に負ければ命がないと言われ，右足も太ももから切断しなければならないと厳しい宣告を受けました。初めは，とてもショックでしたが，必ず勝ってみせると決意し希望だけを胸に真っ向から病気と闘って来ました。その結果，病気に打ち勝ち右足も手術はしましたが残す事ができたのです。

しかし，この闘病生活の間に一緒に病気と闘ってきた15人の大切な仲間が次から次に亡くなっていきました。小さな赤ちゃんから，おじちゃんおばちゃんまで年齢も病気も様々です。厳しい治療とあらゆる検査の連続で心も体もボロボロになりながら，私達は生き続ける為に必死に闘ってきました。しかし，あまりにも現実は厳しくみんな一瞬にして亡くなっていかれ生き続ける事がこれほど困難で，これ程偉大なものかという事を思い知らされました。みんないつの日か，元気になっている自分を思い描きながらどんなに苦しくても目標に向かって明るく元気にがんばっていました。それなのに生き続ける事が出来なくて，どれ程悔しかった事でしょう。私がはっきり感じたのは，病気と闘っている人たちが誰よりも一番輝いていたという事です。そして健康な体で学校に通ったり，家族や友達とあたり前の様に毎日を過ごせるという事が，どれほど幸せな事かという事です。例え，どんなに困難な壁にぶつかって悩んだり，苦しんだりしたとしても命さえあれば必ず前に進んで行けるんです。生きたくても生きられなかったたくさんの仲間が命をかけて教えてくれた大切なメッセージを，世界中の人々に伝えて行く事が私の使命だと思っています。

今の世の中，人と人が殺し合う戦争や，平気で人の命を奪う事件，そしていじめを苦にした自殺等，悲しいニュースを見る度に怒りの気持ちでいっぱいになります。一体どれだけの人がそれらのニュースに対して真剣に向き合っているのでしょうか。私の大好きな詩人の言葉の中に『今の社会のほとんどの問題で悪に対して「自分には関係ない」と言う人が多くなっている。自分の身にふりかからない限り見て見ぬふりをする。それが実は，悪を応援する事になる。私には関係ないというのは楽かもしれないが，一番人間をダメにさせていく。自分の人間らしさが削られどんどん消えていってしまう。それを自覚しないと悪を平気で許す無気力な人間になってしまう。』と書いてありました。本当にその通りだと思います。どんなに小さな悪に対しても，決して許してはいけないのです。そこから悪がエスカレートしていくのです。今の現実がそれです。命を軽く考えている人達に，病気と闘っている人達の姿を見てもらいたいです。そしてどれだけ命が尊いかという事を知ってもらいたいです。

みなさん，私達人間はいつどうなるかなんて誰にも分からないんです。だからこそ，一日一日がとても大切なんです。病気になったおかげで生きていく上で一番大切な事を知る事が出来ました。今では心から病気に感謝しています。私は自分の使命を果たす為，亡くなったみんなの分まで精一杯生きていきます。みなさんも，今生きている事に感謝して悔いのない人生を送って下さい。

（原文のまま掲載しています）

所見文例 ◆ この授業で この言葉を ◆

「命を見つめて」の授業では，自分が生まれてきたことに感謝し，これからも命を大切にし，感謝しながら生きていこうと決意することができていました。（自己を見つめる）

（熊本県 白石和弘）

4.折り鶴に込められた願い

<関連する主な内容項目>　D　生命の尊さ

☆原実践　『とっておきの道徳授業6』(2007年3月初版)

　折り紙で何かをつくるとき，不思議と「折り鶴」を折ってしまいませんか？　私たちは何かを願うとき，千羽鶴を折ることがあります。千羽鶴が今日広まったきっかけに，広島に落とされた原爆の被害を受けた佐々木禎子さんの話があります。自分の病気が治るために，世の中が平和になるために，その願いが千羽鶴に込められています。

　2016年5月にアメリカ合衆国オバマ元大統領が広島平和記念資料館を訪れた際，手作りの折り鶴をプレゼントしました。彼女の平和への願いは世界へ広がっていることがわかります。(p.123より，一部修正)

教材　・『千羽づるのねがい』 山下夕美子：作　沢井一三郎：画（小学館）

　　　・令和2年度「平和への誓い」 2020年8月6日　広島平和記念式典

これぞ エース級の実力！

■ 平和への願いは世界に届く

　千羽鶴と佐々木禎子さんの関係を用いた教材は，学研6年・光文6年の2社の教科書に掲載されています。いずれも，内容項目は「D　生命の尊さ」として構成されています。本実践では，戦争と原子爆弾という悲劇を今の平和な時代から折り鶴を通して振り返る展開です。折り鶴に込められた生命の尊さを多面的・多角的な視点から学習できるようになっています。

■ 同じ年齢の子どもとして考える

　佐々木禎子さんがこの世を去ったのは小学校6年生のとき。本実践は5年生の授業ですが，教科書に掲載されているように6年生で授業をすればさらに自分のこととして考えることができます。毎年8月6日の広島平和記念式典では，6年生の男子と女子が「平和への誓い」を読みます。授業の最後や総合学習などで自分なりの「平和への誓い」を書いたり，折り鶴を折ったりする活動を行うことで学習をより心に残るものにすることができます。

指導目標

　折り鶴に込められた願いを知り，平和を願い，生命を大切にしていこうとする心情を育てる。（道徳的心情）

準備するもの

・教材『千羽づるのねがい』
・教材　オバマ元大統領の折った折り鶴の写真（p.74に掲載）（提示用）
・教材　令和２年度「平和への誓い」
・「千羽鶴の由来と移り変わり」（株式会社トーヨーの千羽鶴用折り紙に付属の文章（p.74に掲載）
・折り鶴用の折り紙（配付用）

授業の実際

　5年生で実施した。広島には，来年度，修学旅行に行く予定である。

　まず，何も言わずに，オバマ元大統領が折った折り鶴の写真を見せた。

❶折り鶴について知っていることを教えてください。

・折り紙で作ったことがある。
・たくさん折ったら願いが叶う。
・千羽鶴というのがあって，高校野球のベンチに飾ってあるのを見たことがある。

❷この折り鶴は誰が作ったものでしょうか。

　「今年の６年生」「修学旅行に行った６年生」という返答の後，「有名人かなぁ」という意見が出された。この発言に続いて，いろいろな有名人の名前が挙がった。

　そこで，

　「これはアメリカ合衆国の以前の大統領，バラク・オバマ大統領が折った折り鶴です。2016年に日本で会議があったときに広島平和記念資料館を訪れ，プレゼントされたものです。オバマ元大統領は，『少し手伝ってもら

いましたが，私が折りました』と言って渡したそうです」
と話した。

❸どうしてオバマ元大統領は，折り鶴をもってきたのでしょうか。

・折り鶴は平和をイメージするから。
・平和を祈るため。
　平和と祈り・願いという意見が多かった。
　子どもたちの発表を聞いた後，
　「きっと広島に来て，平和のことを考えてくれたんだろうね」
とまとめた。

バージョン UP!

　オバマ元大統領が折った折り鶴の写真で興味を引かせる。子どもたちが小学校に入学した年の出来事であることを話し，この後の過去の出来事（教材の内容）が今とつながっていることを意識させる。

---

❹いつごろから願いを込めた千羽鶴のような折り鶴が作られたと思いますか？

　子どもたちは歴史学習を学んでいないので，こちらから選択肢を示して挙手をさせた。
　①1000年前の平安時代
　②300年前の江戸時代
　③100年くらい前の大正時代
　④70年くらい前の戦争が終わったころ
　『鬼滅の刃』が流行っていたので③を選ぶ子どもが多かった。

　ここで，74ページの資料をもとに次の説明をした。

　「折り鶴が折られるようになったのは，②の江戸時代に入ったころと言われています。現在のような正方形の折り紙になったのは③大正時代になってからです。今の形の千羽鶴が広まって多くの場所で作られ始めたのは，今から約70年前。戦争が終わった後からなのです。それは，ある女の子の折り鶴に込めた願いが千羽鶴になって広まったのです」

授業では，『千羽づるのねがい』[1]を用いた。これは，私が20年前くらいに購入した絵本である。現在は絶版になっているが，図書館や学校の図書室にあることが多い。また，ここで教科書教材を読み聞かせてもよい。

学研6年教科書の「折り鶴にこめられた願い」では，佐々木禎子さんの6年生の終わりに突然，白血病を発症するところから話が始まる。その原因は，10年前の1945年8月6日に広島に落とされた原子爆弾による放射能によるものだった。

中学生になった禎子さんは「折り鶴を千羽折ると願いが叶う」という言い伝えを信じ，包み紙や薬の紙を使って折り続けた。しかし，その願いは届くことなく1955年10月25日に12歳の生涯を閉じる。

その後，同級生が，禎子さんと同じような病気の人が治ることや平和への願いを多くの人に広めようとする様子について描かれている。

読み聞かせをする前に，子どもたちに，次のように話した。

「来年，修学旅行に行きますが，広島に原子爆弾が落とされたことを知っていますね。原子爆弾が恐ろしいのは，その日に爆弾によって死んでしまうだけではなくて，近くにいて生き残った人まで病気にしてしまうことです。これから読むお話に出てくる佐々木禎子さんも，その一人だったのです」

子どもたちは，しいんと静かになって話を聞いていた。読み終えた後も，誰も声を出さず，しばらく黙っていた。

❺お話を聞いて，どこが一番心に残りましたか。

教師が読み終えた後，雰囲気を壊さないようにそっと子どもたちに聞いた。

次の発表があった。

・千羽鶴は禎子さんがきっかけだったんだということがわかりました。私も鶴を折ってみたいと思いました。
・禎子さんの友だちが命の大切さを引き継いで広めていったのがいいなぁと思いました。
・原爆の恐ろしさがわかりました。戦争は

しちゃいけないし，平和な世の中を続けていきたいと思いました。

―――バージョン **UP!**
感想を聞く際には，一番心に残った場面を聞き，その場面を選んだ理由を一緒に発表させる。そうすることで，より多面的・多角的な視点で子どもたちの意見を引き出すことができる。

子どもたちの発表を終えたところで，

「広島では，毎年，原子爆弾が落とされた8月6日に平和記念式典が行われます。そこで，君たちと同じ小学生が『平和への誓い』として作文を発表しています」

と話し，今年の「平和への誓い」を読んだ。

そして，

「来年までまだ時間がありますが，せっかくですので，折り鶴を折ってみませんか」

と子どもたちに投げかけた。子どもたちからは，「いいね」「みんなでやってみよう」という声が多数あがった。

最後に，全員で折り鶴を折った。折り鶴は，教室の後ろに飾っておくことを伝えて，授業を終えた。

なお，授業を追実践される際には，以下の[1]・[2]をぜひ参考にしていただきたい。

[1][2]　絵本『千羽づるのねがい』では，禎子さんが亡くなるまでに折った千羽鶴の数が「964羽あった」とされている。「禎子さんが折った鶴は千羽に満たなかった」という見解が長年語り継がれてきたのは事実だが，最新の情報では「千羽以上あった」とされている。

[2]　[1]は，佐々木禎子さんとオバマ米元大統領の折り鶴を所蔵している広島平和記念資料館による情報。2021年1月現在，同館が最も事実に近いとする絵本は，2003年初版の『おりづるの旅　さだこの祈りをのせて』（うみの　しほ・作／狩野富貴子・絵／PHP研究所）であるとのこと。

●**教材** 米大統領から託された思い 禎子さんと元大統領の折り鶴

　　　広島平和記念資料館に展示されている，佐々木禎子さんが作った折り鶴（上）とオバマ米元大統領の折り鶴（下）。

●**教材などの紹介**

・『千羽づるのねがい』は絶版のため，令和２年度版の学研６年，光文６年の教科書の他，以下の資料が代わりとして使用できる。

・広島市教育委員会ホームページ（広島平和記念式典での「平和への誓い」の文章）
https://www.city.hiroshima.lg.jp/site/education/16190.html

・『さだ子と千羽づる』SHANTI*（オーロラ自由アトリエ）

　　＊ 1993年にフェリス女学院大学の学生有志で結成された会

（上）佐々木繁夫・雅弘氏寄贈
広島平和記念資料館（所蔵）
©共同通信社

●**資料** 千羽鶴の由来と移り変わり（株式会社トーヨーの千羽鶴用折り紙に付属の文章）

　折り鶴が一般的に折られるようになったのは，江戸時代に入った頃と言われています。当時，紙は長方形のものしか無く，折り鶴を折るには正方形の紙を切り出す必要がありました。一方で，長方形のまま，一部を切り落としたり，切り込みを入れたりすることでくちばしや羽がつながった折り鶴を折ることが行われていました。こういった技法を「つなぎ折り」と言い，この複数の折り鶴を「千羽鶴」と呼んでいました。「千羽」とは，数の多いことを表したと言われています。またこの「千羽鶴」は，神棚に吊されている場面が江戸時代の浮世絵の中で見ることができ，当時は縁起物や厄よけとして使われたことが伺えます。

　現在のような，正方形の折り紙用紙が一般に市販されるようになったのは，大正時代になってからと言われ，したがって，糸でつなぐ「千羽鶴」が作られるようになったのも，そんなに遠い昔のことではないようです。

　海外では「平和の象徴」としてのイメージも普及しているようですが，これは広島の原爆投下により，白血病で12歳の若さで亡くなった佐々木偵子さんという少女のエピソードからです。偵子さんは入院中にプレゼントされた「千羽鶴」を見て，自分も作ろうと思い立ち，その後，亡くなる日まで病気の回復を祈りながら折り鶴を折り続けたと言われます。

　現在，一般的には病気見舞いで作られることが多いようですが，最近は受験合格などの願いを叶えてくれるものとしても普及しています。様々な「きまりごと」が噂で広がっていますが，あまり気にする必要はありません。一番重要なのは，手間と時間をかけ，作る人の気持ちを込めることでしょう。（原文ママ）

所見文例

◆ この授業で この言葉を ◆

　　「折り鶴にこめられた願い」について学習したときには，佐々木禎子さんや周りの友達の姿を自分事として考え，平和な世界を続けていくことについて友だちと意見を交流しました。（自己の生き方）

（島根県　広山隆行）

5.愛華さんの願い

<関連する主な内容項目>　D　自然愛護

☆原実践　佐藤幸司：著『温かいネタで創る「道徳」授業』(明治図書，1992年10月初版)

　私は，坪田愛華さんのことを，1992年2月21日の朝刊で知った。
　記事によれば，愛華さん（当時小学校6年生）は，「小学校一年生にもわかる環境問題を」と漫画で一冊の本をかきあげたという。自分たちと同じ小学生がかいた「環境問題」の漫画を，ぜひ，本校の児童にも読ませたいと思った。そして，環境問題を訴えて亡くなった愛華さんの意志を児童に伝えるような「道徳」授業を創りたいと考えた。
（p.116より抜粋，一部修正）

教材　・『地球の秘密』坪田愛華：作（出版文化社）

これぞ
エース級の実力！

■ 世界に広がった愛華さんの願い

　この授業は，私（佐藤幸司）の最初の著書である『温かいネタで創る「道徳」授業』に収められています。教科書では，東書6年に「愛華さんからのメッセージ」の題名で掲載されています。
　私は，島根県斐川町教育委員会（当時）から愛華さんの本を送っていただき授業を行いました。この本は，もともとは，愛華さんが自由課題として学校に提出した作品です。愛華さんが亡くなられた後，ご両親が本にして印刷して同級生らに配ったことがきっかけとなり，その半年後には，ニューヨーク国連本部で行われた「第1回国連子供環境絵画展」で英語版がパネル展示され，ブラジルのリオ・デ・ジャネイロで開催された「環境と開発に関する国連会議（地球サミット）」でも紹介されました。

■ これからも生き続ける愛華さんの願い

　愛華さんが1991年12月に逝去されて，今年で30年になります。1冊の本に託した愛華さんの願いは，30年後の今日，叶ったのでしょうか。現状の環境問題にも目を向けながら，愛華さんのメッセージを心で受け止めていきたいと思います。

指導目標

『地球の秘密』に込められた愛華さんの願いを知り，自然環境を大切にしようとする態度を育む。（道徳的態度）

準備するもの

・教材『地球の秘密』から，提示するページをスキャンしたプレゼンデータ
・スーパーのレジ袋
・「脱ガソリン車」など，温室効果ガス排出削減に向けた取り組みを示す新聞記事

授業の実際

最初に，黒板に【環境】と書く。
「何と読みますか」
と聞くと，「かんきょう」という声がすぐに帰ってきた。
「『環』は中学校で習う漢字です。よく読めましたね」
とほめて，ルビをふり，続けて「問題」と加筆した。

環 境 問 題

「今日は，この本（漫画）を使って，環境問題について勉強します」
と言って，『地球の秘密』の表紙をスクリーンに映して見せ，次のように説明をした。
「この本は，みなさんと同じ小学校6年生が描いた漫画が本になったものです。島根県の坪田愛華さんという女の子です。愛華さんは，学校の課題でこの漫画を描きました」
「へえ……，絵が上手だね」
という声が子どもたちの間から聞こえた。
次に，登場人物の紹介ページ（p.4）を映した。留美と栄一が読んでいた本の中から，アース（地球について語るキャラクター）が飛び出してくるという設定である。
本の内容に入る前に，次のことを聞いた。

❶今年（2020年）7月から，それまで無料だったあるものが有料になりました。それは何でしょう。

環境問題について勉強することを伝えていたためか，子どもたちからは，すぐに「レジ袋」という答えが返ってきた。準備しておいた実物のレジ袋を見せ，
「どうして，レジ袋が有料になったのですか」
と尋ねたところ，
・プラスチックごみが減らせるから。
・ウミガメとかが，海に捨てられたビニールごみをえさと間違えて食べて，死んでしまうことがあったから。
・エコバックをもっと広めて，ごみを減らすから。
という返答があった。
レジ袋の有料化は，子どもたちにとっても身近な問題のようである。
子どもたちから出された「海に捨てられたビニールごみ」に関連づけて，第3章「現在の地球を探れ!!」のページ（p.16～17）を提示した。
18～19ページでは，酸性雨について描かれてある。スクリーンに映して読んだ後，酸性雨によって崩れた石像の写真を提示した。
※「酸性雨，石像」でインターネット検索すると，たくさんの事例が見つかる。
硬い石像が酸性雨によって崩れ落ちてしまうことに，子どもたちは驚いた様子であった。
アース君は，次のように話している。

> 酸性雨の原因になっている，工場のけむりや自動車のはい気ガスは風にのって遠くへ運ばれるんだ。つまり，工場のまわりだけでなく，広い地域に酸性雨を降らせてしまうんだ。　(p.19より)

アース君の話を聞いて，英一は「ぼくたちにも関係があるんだ。」と神妙な顔をしている（p.19）。
「困ったね。自動車に乗るのをやめましょうか」
と話すと，「それは，無理」という反応。
「近くに行くときには，なるべく乗らないようにするのは，できるかな」という声も聞こえた。

❷自動車の排気ガスを減らすために，何かよい方法はありませんか。

　さきほどつぶやいた子を指名して，もう一度みんなの前で発表させた。

・近くには，歩きや自転車で行って，なるべく自動車を使わないようにする。

　続けて，他の方法はないかを尋ねたところ，次のような意見が出された。

・今は，ハイブリッドとか電気自動車があるので，新しく車を買う人は，環境に優しい車を買う。

・僕のお父さんの○○という車は，電気で走って，電気が少なくなるとガソリンで走るから，排気ガスがあまり出ないと聞いた。そういう車がもっと増えればいい。

・山形は車がないと不便。東京みたいに，電車や地下鉄がもっと増えれば，車に乗る人も減るんだと思う。

　発言が出尽くしたところで，2020年12月4日の新聞から，日本では2030年半ばにはガソリンのみを使う新車の販売はすべてやめる方針であることを伝えた。

　2030年半ばといえば約15年後，6年生の子どもたちが27～28歳になるころである。ほとんどが運転免許を取得して，自分の車に乗っていることだろう。

　子どもたちは，そう遠くない将来にはガソリン車がなくなっていると予想されることに，少し驚いたり，妙に納得したりしていた。

バージョン UP!

　原実践（30年前）のときには，電動自動車が走るのは遠い未来のことのように思われていた。何しろ，携帯電話が当たり前の持ち物になることなど想像もつかなかった時代である。

　「環境問題」をテーマにした授業は，現在の状況や最新の国の取り組みなどを取り入れて再構成していくことが大事である。

　次は，第4章「みんなで地球を守ろう!!」である。26～27ページを見せる前に，次の発問をした。

❸地球環境を守るための国際的な取り決め（条約）がいくつかあります。何か，知っていますか。

　子どもたちからは，次の2つが出された。

・ラムサール条約　　・ワシントン条約

　発言した子に条約の内容を簡単に説明させた後，26～27ページを提示し，他には「2国間渡り鳥等保護条約」「オゾン層保護条約」[*1]「国連海洋法条約」「ウィーン条約」[*2]があることを知らせた。「よくこんなに調べたね」と愛華さんに感心した声が聞こえた。

　アース君の話を聞いて，英一と留美が「地球のためにやる気になってきたよ!!」というところで，第4章の終わりである。

❹やる気になった二人は，どんなことを始めたでしょうか。

　想像したことを発表させた後，第5章「その後のおはなし」を提示した（p.32～33）。2人が，友達と一緒にごみ拾いをしたり，アルミ缶や紙を集めてリサイクルセンターに持って行ったりしている内容である。

　次に，第6章「感想（この本を作って）」である。このページ（p.34）は，スクリーンに映して，さらにコピーして一人一人に配付した。

　読み終えたら，次の発問をした。

❺この本を作った愛華さんは，どんな女の子だと思いますか。

　数名の子を指名して発表させた。

・とっても頭がよくて，いろいろな環境問題の本を読んでいる。

・小学生のうちから「医者になる」と言っているので，一生懸命勉強している。

・学校の宿題（課題）でこんな本を作るなんて，すごい人だと思う。

　ここで，38～39ページ「愛華ちゃんの12年」を見せた。愛華さんのお母さんが書いたページである。そこには，愛華さんは12歳（1991年）に他界したことが記されている。子どもたちは，神妙な顔つきで愛華さんの12年を読んでいた。

　最後に，36～37ページの愛華さんからのメッセージを読み聞かせて授業を終えた。

●授業づくりの始まり

きっかけとなったのは，1992（平成4）年2月21日の朝刊である。いつもは出勤前にゆっくり新聞を読む時間などないのだが，この日は，冬季オリンピックのテレビ放送を見るために，いつもより早起きしたように記憶している。

私は，さっそくその朝のうちに，速達で斐川町教育委員会宛にはがきを出した。はがきには，愛華さんの漫画を送ってほしいこと，そして，愛華さんの意志を道徳授業で本校の児童に伝えたいことを書き添えた。

数日後，愛華さんの漫画「THE SECRET OF EARTH ～地球の秘密～」が届けられた（左写真がその表紙）。書籍化される前のオリジナル作品である。原作では，中身のページは，ほとんど白黒のイラストになっている。書籍化にあたって，愛華さんが描いた原画に色付けしたようである。

なお，宍道湖のほとりに位置した簸川郡斐川町は，2011（平成23）年10月1日に出雲市に編入し，現在は，「出雲市斐川町」となっている。

写真提供：坪田愛華さんのご両親

●児童の感想 （原実践より）

・私も以前から，道に落ちている空き缶のことや，湾岸戦争などで地球が大変だってことはわかっていたけど，そのことについて，本を読んで詳しく調べようとは思わなかったし，考えてもみませんでした。その点について，「愛華さんって，えらいなあ。だって，環境問題について，自分ができることに真剣に取り組んだし，みんなが考えないようなことをしたんだもん」と思いました。そして，愛華さんのことを尊敬しました。最後に，愛華さんへ。この本に出合えたことをうれしく思っています。

＊1 「オゾン層の保護のためのウィーン条約」のこと
＊2 「長距離越境大気汚染条約」のこと

所見文例

◆ **この授業で この言葉を** ◆

　「地球の秘密」を題材に環境問題について学習したときには，地球環境を守ることの大切さに気づき，身の回りで自分ができることを見つけて行動していきたいという思いを発表しました。（自己の生き方）

（山形県　佐藤幸司）

第1章

解説編

コロナに負けない
きれいな心

1. コロナ下をたくましく生き抜くために

いつになったら,普通の生活に戻れるのかな。不安になっちゃうよ。

新型コロナウイルスが絶滅するのは,まだ先のことでしょう。だからこそ,ウイルスと共存しながら,ウイルスに正対する構えが必要です。

●素朴な疑問 ——なぜ登校するのか——

2020年の暮れになっても,新型コロナは終息せず,第3波と呼ばれるこれまで最大級の感染が広がりつつあります。

このような状況下で,登校してきた子どもたちから,

「コロナが広がっているのに,なぜ学校に来なければならないのですか」

と聞かれたら,どう答えますか。

学校の休校や再開は,自治体の対策本部の方針に基づいた首長命により決められます。判断は,学校(校長)の裁量範囲外にあります。ですから,これが,保護者からの質問であれば,

「教育委員会からの通達に従い,感染予防に細心の注意を払いながら,教育活動を行っています」

と説明します。

しかし,子どもからの不安が入り混じった素朴な質問に対しては,感染の不安があるなかで登校する意義について話をしなければなりません。

●命——2つの側面

命には,2つの側面があります。

1つは,生命体としての命です。これは,内容項目では,「生命尊重」に関わりの深い側面です。連続性や有限性を有する生物的・身体的生命を指します。

もう1つは,社会的存在としての命です。これは,内容項目で考えれば,ほとんどすべての項目に関わってきます。自分自身が,人と関わりながら,集団や社会のなかで,生命や自然,崇高なものに触れながら生きていく側面です。

最も大切なのは,何といっても命です(命なくして,道徳はありません)。仮に,生命体としての命を守るだけなら,他人との接触を一切絶って自宅にいるのが一番です。けれども,子どもたちは,"これから"を生きていきます。社会のなかで立派に生きていくためには,今,この時期に学ばなければならないことがたくさんあります。

だから,感染予防と学習の保障の両立を図りながら,学校教育活動を続けなければならないのです。

今は,いろいろな制限や決まりがあるけど,みんなでがんばらなくちゃね。

現状では,学校の感染リスクを完全にゼロにすることは困難です。そのため,「ウイル

スとの共存」という認識に立ち，感染リスクを可能な限り低減しながら，持続可能な学校生活を送ることができるよう対策を講じていかなければなりません。それが，当面の「新しい学校生活様式」になります。

もちろん，子どもたちに「命の2つの側面」とか，「ウイルスとの共存」などと話しても，理解できません。これらの趣旨を発達段階に応じて，具体的な言葉で伝えてください。

●ウイルスに負けない心を

2020（令和2）年度は，新型コロナの流行で，いくつかの行事や活動が，延期や中止になりました。または，内容を大幅に簡素化して実施したものもあります。

けれども，今の子どもたちは，「ウイルスのせいで，いろいろなことができなかったかわいそうな子どもたち」では，ありません。「ウイルスに負けずに，毎日，一生懸命に学校生活を送ったたくましい子どもたち」です。

ウイルスに負けないというのは，「ウイルスに感染しない」という意味ではありません。世の中が不安になってくると，残念ながら悪さをする人が出てきます。詐欺やマスクの高額転売などが，その例です。心配なことや困ったことがあるとき……，そんなときこそ，きれいな心をもって，互いに助け合い，支え合っていかなければなりません。

子どもたちには，「コロナに負けないきれいな心をもつことの大切さ」を話してください。もし，コロナに関連するいじめがあったら，「それは，『きれいな心』の正反対の『汚い心』だ」と毅然と指導します。

コロナの終息は，いつになるのかわかりません。しばらくは，学校生活や各教科などの学習においても，さまざまな制限があります。身近な人や友達がコロナに感染してしまうことも，可能性としては，十分考えられます。

けれども，この状況を子どもたちの成長の機会と捉えます。たとえば，活動を禁止するだけではなく，「どうすれば，密を避けた活動ができるだろうか」と，自分たちの生活を見つめ直す場面を意図的につくります。また，療養を終えて再登校した友達がいたときには，どんなふうに接していけばよいのかを話し合います（感染者が出る前の事前の学習が大事です）。それが，自立した子どもの育成につながります。

●今こそ，道徳の出番！

今回，『とっておきの道徳授業18』では，第Ⅱ部として，「コロナに負けないきれいな心」を取り上げました。心を育てるのは，道徳科の専門分野です。コロナ下では，道徳授業の役目が，今までに増して重要になります。

責任重大だね。何だか，ますますやる気が出てきたよ。

・〜 ここが 肝心 〜・

①考えるべきは，命の2つの側面。感染リスクを可能な限り抑えて，学校での学習活動を続けていく。
②心を育てるのは，道徳科の専門分野。期待を一身に受け，コロナに負けないきれいな心を育んでいく。

2. 道徳授業の立ち位置

コロナで心配なことがあるよ。道徳では,どんな勉強をするのかな?

今,子どもたちが考えるべき喫緊の課題があるとき,開発教材の出番です。

●教科書には載っていない 必要な学習

2020（令和2）年度から小学校で使用されている道徳科教科書には,新型コロナウイルスに関連した教材は,載っていません。

今,手元にある教科書は,以下の流れで子どもたちに届けられています。

---

(1) 2018（平成30）年4月
    教科書検定の申請
    各教科書会社→文部科学省
(2) 2019（平成31）年3月
    検定結果の公開
    ※申請から約1年後になります。
(3) 2019（令和元）年　夏頃
    採択教科書の決定
    ※採択権は,市町村教育委員会にあります。単一の教育委員会で決める場合もあれば,規模によっては,いくつかの採択地区（合同）を決めている都道府県もあります。

新型コロナの感染が拡大し,全国の小・中学校が休校になったのは,2020（令和2）年3月のことです。

この時期には,採択教科書も決定し,4月の配付を待つだけになっていました。ですから,コロナ関連の教材が教科書に載っていないのは,当然のことなのです。

今,この状況下で,

「教科書に載っていないのだから,コロナを教材にした道徳は,やらなくてもいい（やってはいけない）！」

などと主張する人は,いないはずです。

コロナ禍が続く今だからこそ,コロナを題材とした道徳授業が必要です。教科書にその教材がないのですから,授業の実施は,現場教師の教材開発力にかかっています。

みんなで話し合ってみたいことが,たくさんあるよ。

●内容項目をどうする?

コロナ禍で実際に起こっている問題をノンフィクション教材として取り上げる場合,内容項目はどうなるでしょうか。

たとえば,コロナに関連したいじめや差別を防ぐことを目的とした道徳授業を構想したとします。「差別を許さない」という視点に立てば,内容項目は「C　公正,公平,社会正義」になります。「相手の気持ちを考えて,優しく接しよう」という視点ならば,「B　親切,思いやり」です。

本書では，各授業の最初のページに＜関連する主な内容項目＞という項目名で，内容項目を1つ記してあります。これは，「授業内容にはいくつかの内容項目が関わってくるが，そのなかで中心となるのがこの項目である」という意味です。これと同じ考え方で，コロナ関連の開発教材を使った授業では，一番関わりの大きい内容項目をねらい（目標）と照らし合わせて決めるのがよいでしょう。

または，カリキュラム・マネジメントを効果的に行って，1時間の授業で「公正，公平，社会正義」と「思いやり，親切」との2つの内容項目を2分の1時間ずつ扱うという考え方もできます。年間を通じて，低学年19，中学年20，高学年22の内容項目を残すことなく扱えばよいのです。

コロナに限らず，ノンフィクションの開発教材の場合は，内容項目は後からついてくる場合が多くなります。これは，「内容項目は無視してもよい」のではなく，「道徳的な価値のある教材を開発すれば，必ずどれかの内容項目に関わってくる」ということを意味します。

●vs.とwith

85ページからの「実践編」には，次の2つの章があります。

| 第2章　実践　vs.コロナ |
| 第3章　実践　withコロナ |

vs.コロナの章には，コロナに関連した出来事や問題を直接教材として取り上げた授業記録を掲載しました。

「コロナに関連」というと，どうしても「いじめや差別，偏見」という問題がイメージされます。もちろん，それも大切な視点なのですが，それだけにとどまらず，むしろ「コロナ禍だからこそ希望をもって前に進もう」という積極思考の授業を子どもたちに届けたいと考えました。

withコロナの章には，直接コロナには結びつかないのだけれど，これからの生活で大切な心について考える授業記録を掲載しました。

「withコロナ」は，本当は嫌な言葉です。誰も，コロナと一緒に生活したいとは思いません。一日も早く「Good-byeコロナ」のときが来てほしいと願います。

先行きが不透明な現状において，フィジカル・ディスタンス（物理的距離）をとって生活することは大事ですが，心は互いに寄り添っていかなければなりません。

vs.コロナとwithコロナ——。

子どもたちにコロナに負けないきれいな心を育むために，第2章と第3章，合計10本の授業記録をぜひ活用してください。

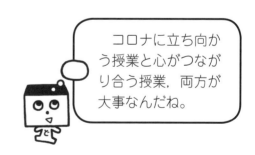

コロナに立ち向かう授業と心がつながり合う授業，両方が大事なんだね。

3. 教材化するときの2つの留意点

コロナの問題を教材にするとき，どんなことに気をつけたらいいのかな？

リアルな教材で授業を行う際，授業者として，心すべきことがあります。

それは，<u>命の尊厳</u>と内容の<u>正確性・中立性</u>です。

●留意点1　軽々しく扱わない

新型コロナウイルスで亡くなられた著名な方がいらっしゃいます。たとえば，その方の写真を授業の冒頭（導入）で提示して，その後，新型コロナに関わる別の教材を使った展開へと進んでいったとします。

これは，授業者がやってはならない悪例です。一人の尊い命を軽々しく扱ってはなりません。その方の生き方に注目して，そこからこれからの自分の生き方を考える授業ならば話は別です（その場合でも，故人に対する十分な配慮が必要です）。一人の人間の命を「導入」で軽く扱うような授業は，許されません。

リアルな教材は，その迫力という点において，創作教材の追随を許しません。迫力ある教材は，子どもたちの学習意欲をぐっと高めます。けれども，授業が盛り上がったかどうかよりも，もっと大切なことがあります。それは，その人の生き方から学ぶという謙虚な姿勢と生命を尊重する態度です。

●留意点2　正確性と中立性

道徳は心を扱う教育なので，各教科以上に内容の正確性と中立性が求められます。

コロナは，人類初めての経験であるため，さまざまな情報が交錯しています。授業でリアルな話題を扱う場合，特にコロナ禍では，それが正確な情報であるかどうかを慎重に確認しなければなりません。

また，「専門家」と呼ばれる方々のコメントを扱う場合にも，その主張を鵜呑みにせずに，一つの意見として扱うことに注意すべきです。専門家の方々の間でも意見が異なりますし，政治的な内容も関連してくる場合があります。正確性と同様に，中立性が保たれているかどうかについても十分検討が必要です。

一人で思い込まないで，まわりの先生とも相談しながら進めるといいね。

─〜 ここが **肝心** 〜─

①ノンフィクションの教材開発において，忘れてはならないこと──それは，謙虚な姿勢と生命を尊重する態度である。

②独りよがりになると，正確性と中立性が揺らぐことがある。道徳主任や管理職に一言相談してから授業を実施するのが安心である。

第Ⅱ部

第2章

実践編

vs.コロナ
コロナ問題をこう扱う

第Ⅱ部

第2章

実践編

vs.コロナ
コロナ問題をこう扱う

● 第2章の内容

1.希望が遠くに輝いているからこそ
～ 池江選手「第二の水泳人生」～

<関連する主な内容項目>　D　よりよく生きる喜び

　新型コロナウイルス感染拡大による東京五輪の延期は，アスリートたちにとって大きな喪失感となりました。そんななか，白血病で長期療養していた競泳の池江璃花子選手は，2020年7月，新国立競技場で開かれた東京五輪の開幕1年前イベントに参加し，希望のメッセージを世界に発信しました。また，翌8月には，東京都で開かれた大会に出場し，1年7カ月ぶりにレースに戻りました。

　池江選手の姿から，夢や希望のある生き方を学ぶ授業です。

教材　・池江選手「第二の水泳人生」
　　　ニュースde道徳　佐藤幸司：監修
　　　読売新聞　2020年9月9日

写真提供：産経新聞社

これぞエース級の実力！

■ 強さや気高さに気づく

　池江選手は，約10カ月間に及ぶ入院生活を終え，その後，プールでの練習を始め，競技に復帰しました。東京五輪の開幕1年前イベントでは，「希望が遠くに輝いているからこそ，どんなにつらくても前を向いて頑張れる」と語りました。

　2024年のパリ五輪出場をめざして，少しずつ，着実に前に進もうとする池江選手の姿から，子どもたちは，人としての強さや気高さに気づいていきます。

■「希望と勇気」から「生きる喜びへ」

　希望をもって努力を続ける池江選手の姿から，子どもたちは「努力して物事をやり抜く」ことの大切さを学びます。けれども，この授業では，そこにとどまらず，自分がめざす誇りある生き方へ考えを広げていきます。

　そこで注目させるのが，池江選手の「一人の人間として」という言葉です。自分はどんな自分になりたいのか，その具体的な姿をイメージさせましょう。

指導目標

　難病を乗り越え「第二の水泳人生」を進む池江選手の姿から，夢や希望をもって喜びのある生き方をしようとする意欲をもたせる。（道徳的実践意欲）

準備するもの

・教材「池江選手『第二の水泳人生』」A，B，C（p.90に掲載）（配付用）
・2018年アジア大会で活躍した池江選手の写真・東京五輪開幕1年前イベントでの池江選手のメッセージ（できれば動画を用意）

授業の実際

　2018年のアジア大会で活躍した池江選手の写真を提示。知っていることを発表させる。

写真提供：産経新聞社

　子どもたちからの発言をもとに，【競泳　池江璃花子選手】と板書し，次のように話す。

❶池江選手のこれまでの活躍をまとめましょう。

　池江選手の活躍を黒板に時系列でまとめる。子どもたちからの発言を受けて進めるが，授業者も資料を準備しておくとよい。

・2016年リオデジャネイロ五輪出場（16歳）
・2018年アジア大会で金メダル6個獲得
・オリンピックの金メダル候補
・病気で入院，その後，復帰
・オリンピック開幕前イベントに参加

　次に，教材文A（2019年2月に白血病が判明。その後の入院生活についての内容）を読み聞かせて，次のように聞いた。

❷療養中の池江選手の言葉や行動で，一番心に残ったのは，どの言葉（行動）ですか。

　考えがまとまった子から，自由起立で発表させた。

・大きな病気をしたのに，そこから水泳の大会にも出場できるようになったこと。
・治療で髪の毛が短くなった姿の写真を公開したこと。その理由が「誰かの小さな希望に」というのがすごい。
・入院中もいつも希望をもって，ツイッターで決意を発信していたこと。

　子どもたちの意見は，キーワード（大会に復帰，短髪の写真公開など）で板書した。発言が途絶えたところで，まだ発言していない子たちを指名して，「友達と同じ意見でもよい」ことを伝えて全員に発表させた。

　全員の意見を整理したところ，「大会復帰」と答えた子が一番多かった。また，女子では「短髪の写真」と答えた子も多かった。

ここが十八番！

　道徳の学習では，間違った答えはない。だから，全員が発表できることを話し，実行する。その積み重ねで，やがてクラス全員が自分の思いや考えを躊躇することなく発表できるようになっていく。

　子どもたちの発表を終えたら，教材文B（2020年7月東京五輪開幕1年前イベントに参加した池江選手）を読み聞かせて，池江選手のメッセージを伝えた。池江選手が朗読したメッセージは，インターネット検索で全文が入手でき，動画の視聴も可能なので，教材文と一緒に活用したい。

　池江選手がメッセージを締めくくった言葉について，次のように問いかけた。

❸「一人のアスリートとして。一人の人間として」という言葉には，どんな思いが込められているのでしょう。

　子どもたちは，少し難しそうな顔をしながら，けれども，一生懸命に考えている様子

だった。しばらくの沈黙の後，次の意見が出された。

・大きな病気をしたので，アスリート（水泳選手）としてだけではなくて，一人の人間として生きていきたいという思いが込められている。

・命があって健康だから，いろんなことにチャレンジできるということを伝えたかった。

・自分が優勝したり，金メダルを取ったりすることだけじゃなくて，たくさんの人に感謝の気持ちをもって進んでいきたいということ。

・池江選手のいう「希望」というのは，水泳の選手として復帰することだけではなくて，病気も治して，また元気な生活を送って，そこから水泳にも挑戦していくという意味なのだと思う。

ここで，教材文C（2020年8月復帰レース）を読み聞かせた。レース後の池江選手の談話になった「第二の水泳人生」という言葉に着目させ，

「第二があるなら，第一があったはずだよね」と話し，次のように聞いた。

❹池江選手の「第一」の水泳人生は，いつだったのでしょうか。

子どもたちは，黒板に書かれた池江選手のこれまでの活躍（発問❶）を指さして，次のように発言した。

・16歳でオリンピックに出場して活躍していたころ。

・きっと小学生のときからすごい選手だった。アジア大会で6つの金メダルをとったころまでが「第一」でこれからが「第二」。

これで盤石！

この発問で，授業の導入で板書した内容に子どもたちの意識を向かわせる。

それにより，導入（第一の水泳人生）から終末（第二の水泳人生）へのつながりが明確になり，子どもたちの思考がさらに活性化される。

子どもたちの発表を聞いた後，**発問❶**で板書した池江選手の活躍の部分を色チョークで囲んだ。そして，【第二の水泳人生】と書き，矢印で結んだ。

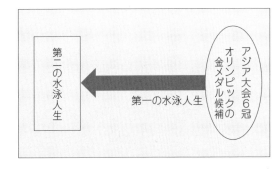

「池江選手の次の目標は何だと思いますか」と子どもたちに尋ねたところ，教材文の読み聞かせをよく聞いていた子から，

「2024年のパリオリンピックに出場することです」

という返答があった。

ここで，教材「池江選手『第二の水泳人生』」を配付して，全文を各自が読む時間をとった。読み終えたら，最後の一文，

「24年のパリ五輪出場を目指し，少しずつ，着実に前へ進もうとしています」

を全員で声に出して読み，次の発問をした。

❺自分が今，「着実に前に進もうとしていること」は何ですか。

挙手指名で発表させたところ，スポーツをやっている子から，

・水泳で自己ベストを出したい。

・今，コロナで試合がないけど，大会に出場したらゴール（サッカー）を決めたい。

という発言があった。

池江選手から学ぶ授業なので，まず，子どもたちはスポーツのイメージをもったようであった。そこで，

「スポーツ以外のことでもいいんだよ」

と話すと，委員会活動のことや児童会で取り組んでいるあいさつ運動などが出された。また，友達との関わりについて発表した子もいた。

その後，用紙を配り，「自分が着実に前に進もうとしていることは，……です」という書き出しで考えを書かせて，授業を終えた。

●教材 「池江選手『第二の水泳人生』」ニュースde道徳 佐藤幸司：監修 読売新聞 2020年９月９日

ニュース de 道徳

第２、第５水曜日に掲載します。

池江選手「第二の水泳人生」

白血病で長期療養していた競泳の池江璃花子選手(20)が8月29日、東京都で開かれた大会に出場し、1年7か月ぶりにレースに戻りました。療養中も前向きなメッセージを発信してきた池江選手。「回復して、色んな人に泳ぎを見てもらうことができた」と、「第二の水泳人生」を力強くスタートさせました。

A

池江選手は、2016年のリオデジャネイロ五輪に16歳で出場、18年のアジア大会で金メダル6個を獲得し、最優秀選手に選ばれました。東京五輪のメダル獲得の有力候補でしたが、昨年2月、白血病が判明しました。

当時、池江選手はツイッターで「神様は乗り越えられない試練は与えない。必ず戻ってきます」と、闘病への決意や励ましへの感謝の気持ちを表しました。

入院生活は約10か月間に及びましたが、今年3月にはプールでの練習も始め、競技復帰に向けて準備を進めてきました。

5月には「ありのままの自分を見てほしい」と治療の影響による短髪姿の写真を公開。「誰かにとっても、小さな希望になればうれしい」などとつづり、多くの人に勇気を与えました。

B

池江選手は7月、国立競技場で開かれた東京五輪の開幕1年前イベントに参加。ランタンを手に競技場の芝生に立ち、希望や目標を持つ大切さを説くメッセージを世界に発信しました。

五輪延期については、「アスリートたちにとって、言葉にできないほどの喪失感。私も白血病という大きな病気をしたからよく分かる」と選手らの思いと自身の境遇を重ねました。

その上で、「希望が遠くに輝いているからこそ、どんなにつらくても前を向いて頑張れる。私の場合、もう一度プールに戻りたい。その一心でつらい治療を乗り越えることができました」と語りました。そして「これからも、感謝と尊敬を胸に、前に進んでいこうと思う。一人のアスリートとして。一人の人間として」と締めくくりました。

復帰レースとなった50㍍自由形を終えて、感極まる池江選手

C

池江選手の復帰レースは、自身が日本記録（24秒21）を持つ50㍍自由形。スタートこそ一瞬出遅れましたが、26秒32の好タイムで5位に入りました。レース後、プールサイドで涙を流し、「いい形でリスタートできた。第二の水泳人生の始まりかな」と喜びました。

24年のパリ五輪出場を目指し、少しずつ、着実に前へ進もうとしています。

【みんなで考えよう】

①池江選手のこれまでの活躍をまとめよう。

②療養中の池江選手の言動で、一番心に残ったのはどの言葉（行動）か。

③「一人のアスリートとして。一人の人間として」という言葉には、どんな思いが込められているだろうか。

④自分が今、「着実に前へ進もうとしていること」は何か。

読売新聞オンラインでは、この道徳テーマの授業の際に参考になるニュースを紹介しています。スマートフォンはQRコードからもアクセスできます。

◇監修・佐藤幸司さん

山形市立鈴川小学校校長。小学校用だけで500本以上の道徳教材を開発し、正会員約500人の教育研究団体「道徳のチカラ」代表。最新刊に「とっておきの道徳授業17」（日本標準）。

指導のポイント

【道徳項目】よりよく生きる喜び

【指導目標】難病を乗り越え、「第二の水泳人生」を進む池江選手の姿から、夢や希望をもって喜びのある生き方をしようとする意欲をもたせる。

【はじめ】18年のアジア大会で活躍した池江選手の写真を提示。知っていることを発表させた後、①を問う。池江選手の活躍を黒板に時系列でまとめた後、前文を読む。

【なか】Aを読み、②を問う。関連する記事や画像を準備し、子供の発言に合わせて提示するとよい。出された意見は内容ごとに分けて板書する。その言葉（行動）が心に残った理由について、意見交流させる。

Bを読み、東京五輪開幕1年前イベントでの池江選手のメッセージを伝える。動画を準備し視聴させると効果的。③を問い、アスリートとして目標に向かって努力する姿はもちろん、一人の人間としてよりよい生き方をしようとする思いにも気づかせる。

【おわり】Cを読み、「第二の水泳人生」という言葉に着目し、①の活躍がいわば「第一の水泳人生」であることを確認する。④を問い、自分が目指す生き方、誇りある生き方について意見交流させる。

※本文中の教材のA, B, Cは，記事内のA, B, Cに対応している。

所見文例

◆ この授業で この言葉を ◆

「夢や希望のある生き方」をテーマにした学習では，難病を乗り越えて第二の水泳人生を歩む池江選手の姿から，自分がめざす生き方を思い浮かべて友達と意見交流をしました。（自己の生き方）

（山形県　佐藤幸司）

2.コロナ禍を乗り越える 人間のチカラ

<関連する主な内容項目>　D　よりよく生きる喜び

　コロナ禍で失われた尊い命。次々と中止される学校行事や授業。追い打ちをかけるように，コロナ禍でがんばる医療関係者や運送業者，その家族への差別やいじめという心ないニュースを耳にしました。けれど同時に，コロナと闘う多くの人がいます。闘う人を励ます人がいます。自分にできることを考え，実行し，みんなに呼びかける人がいます。がんばる人を思いやり，我慢する人がいます。

　コロナ禍でがんばるすべての人にエールを送り，コロナ禍を乗り越える人間のチカラを学びます。

教材　・田んぼアートで「コロナKO！」2020年7月16日　京都新聞
　　　・アニメ「ねこねこ日本史　感染予防ポスター」
　　　　そにしけんじ・実業之日本社／「ねこねこ日本史」製作委員会

これぞ
エース級の実力！

写真提供：京丹波町教育委員会

■「禍」に立ち向かい「福」を創り出す 人間

　コロナだからあれもできない，仕方がない。そんなふうに「禍」だけを考えるのではなく，「禍」に立ち向う人間の素晴らしさがあるからこそ「福」が訪れるのです。コロナ禍と対比することで，それに立ち向かう人間の素晴らしさを一層際立たせ，子どもたちに人間らしく生きたいと願う夢を育む授業です。

■ 多くの事例で自らの可能性に気づかせ，学びを保護者に伝える

　医療従事者などコロナ禍でがんばる人々を励ましたいと描かれた田んぼアートやポスターなど，互いを思いやってコロナを創造力で乗り越えようとする人，自分たちの学校でコロナに立ち向かう先生など，多くの，そして同じ子どもたちや先生の取り組みを示すことで，自ら考え行動することの大切さに気づかせます。

　また，授業内容を保護者に伝えることと感想は宿題にします。保護者に話し，じっくり時間をとって感想を書くことで，確かな学びとなり，家庭からの評価も高まります。

指導目標

　コロナを乗り越えようとする人とそれに感謝する多くの人の存在を知ることを通して，人間の強さや人間らしく生きたいと願う意欲をもたせる。（道徳的実践意欲）

準備するもの

・教材「田んぼアートで『コロナKO！』」（p.94掲載）（配付用）
・教材「アニメ『ねこねこ日本史』感染予防ポスター」（提示用）
・CM「すべての人にエールを」篇

授業の実際

❶何と読むのでしょう。（コロナ禍）

　「コロナ禍」と書いたカードの“禍”の下半分を□で隠しクイズで導入する。

　すぐに正解が出されたが，意味を知らない子どももいたので，次のように説明した。

> 　「禍」というのは，災難や不運のこと。新型コロナウイルス感染症によって起きた災難や不運，悪い出来事をコロナ禍と言います。

❷日本や学校では，どんなコロナ禍があったでしょう。

　次々と声があがった。

・多くの人が感染し，命が失われたこと
・経済が大きなダメージを受けたこと
・差別があったこと（医療従事者，患者）
・学校の行事や授業が変わったこと
・自粛などで元気や楽しみが減ったこと

　どの意見も共感しながら受け止め，日本や世界中の多くの人が，「コロナ禍」によって悲しい思いをしたことを確認する。

❸コロナ禍の逆のできごと，福と言えるできごとはあったでしょうか。

　最初は，「悲しい出来事」ばかりで“福はない”の意見と，「Go To……」で得をしたから“福はある”の意見に分かれた。その後，コロナ禍はお金以上の悲しいことだから“福じゃない”という意見が出され，全員が納得した。中身を十分検討し結論した子どもたちを称賛，共感した上で，予想を覆す。

　「今日は，あえてコロナ福を紹介します」

　もちろん，「え～」「うそ」「さっきと違う」という声。けれど同時に，知的好奇心で子どもたちは目を輝かせた。

> ### ここが十八番！
> 　教師の意図が見え透いた授業ほど面白くないものはない。子どもたちの予想を覆す事実や資料で知的好奇心を喚起する。学ぶ意欲をもたせ，主体性を引き出す。

　ここで，「コロナＫＯ！」という文字が稲でかたどられた田んぼアートの写真を，文字“KO”を隠して提示した。

❹何と書かれているのでしょう。

　“コロナ”という文字はすぐに正解が出された。文字に苦戦していたので，「アルファベット」というヒントを出すと一気に多くの子どもたちが「KO」と気づいた。

　正解が出た後，「KO＝ノックアウト」であることを知らせた。「早くノックアウトしたいな」などの声があがった。ここで，教材（新聞記事）を配付し，田んぼに描かれた理由を説明した。

　また，ネットで話題になったアニメ「ねこねこ日本史　感染予防ポスター」（無料ダウ

ンロード）を紹介。教室掲示しようという教師の提案に，「いいね」「笑える」「かわいい」とほっこりの子どもたちだった。

©2020そにしけんじ・実業之日本社／「ねこねこ日本史」製作委員会
※他2枚のポスターでもよい。

❺この学校にコロナ禍でがんばっている人はいるでしょうか。

最初に，「密を避けて楽しい授業の工夫や準備」「毎日の消毒」など先生ががんばっているという意見が出た。

その後，

「みなさんはどうでしょう」

と問いかけると，子どもたちは自分たち自身のがんばりにも気づいた。

・マスクや手洗い，感染予防をして協力して活動している。
・感染に気をつけて遊んでいる。
・密を避けて児童会フェスティバルや委員会活動のイベントを工夫した。
・学校が休校のとき，家で前学年の復習をしたり，予習をしたりした。
・できるだけ人が集まる場所に外出しないようにしている。
・けがで病院に行ったとき，心を込めて「ありがとうございました」と言った。

教材での学びが自分の身近にあることに気づくことで，子どもたちは道徳的価値を実感する。主教材のみで終わらせず，子どもたちの日常につなぐことで，自分自身に目を向けさせる。

❻コロナ禍での福はあったでしょうか。

全員が「ある」に賛成，それぞれの福が感謝や勇気，思いやり，工夫など，お金ではないことを確認した。

その後，支え合って困難を乗り越える人間の素晴らしさを振り返る時間として，明治安田生命2020年企業CM「すべての人にエールを」篇をYouTubeで視聴した。

BGMとして流れる小田和正さんの美しい声を聴きながら，子どもたちは黒板の掲示物に静かに見入っていた。

❼今日の学習の感想を書きましょう。

多くの魅力的な人に学ぶ授業である。家族と共有できるよう，感想を書くこと，授業内容を伝えることを宿題にし，授業を終えた。

翌日，提出されたワークシートの振り返りを紹介する。

わかったことは，私が知らなかった全国のみんなが工夫して励まし合っていたことです。感動的なものも面白いものもあり，とても素晴らしいと思いました。どれも，お金で解決することではありませんでした。私たちには，励ましや感謝など，「人間の力」が必要なんだということがわかりました。（後略）

（前略）ぼくは，今までコロナについていろいろなことができなくて嫌だなくらいにしか関心がありませんでした。最近はニュースも見なくなっていたけど，この学習をして，コロナ福を調べてみたいと思いました。また，自分でも困っている人に向けて何かしてあげようと思いました。

●**教材** 「田んぼアートで『コロナKO！』」2020年7月16日 京都新聞

「コロナKO！」の文字がかたどられた田んぼアート（京丹波町下山）

田んぼアートで「コロナKO！」 京丹波・白土地区

京丹波町下山の白土地区の住民がサッカーJ2の京都サンガFCを応援するため催している田んぼアートで、今年は新型コロナウイルス禍の人々を応援するメッセージが浮かび上がった。クラブマスコットのパーサくんと、「コロナKO！」の文字が稲でかたどられている。

田んぼアートは、地区の住民でつくる「白土村つくり会」が地域を盛り上げようと、2013年から毎年行っている。例年は住民をはじめ、京都サンガのスタッフやサポーターが集まってJ1昇格を祈願したメッセージを描いているが、医療従事者などコロナ禍で頑張る人々を励ましたいとの思いから、同会の田渕敬治代表（67）が今年のデザインを決めた。感染予防のため田植えイベントは中止し、5月半ばに住民のみで田植えを行った。

田渕さんは「コロナに打ち勝とうといういみんなの思いを田んぼに込めた」と話した。稲刈りは10月に行う予定。

（佐々木千奈）

所見文例

◆ **この授業で この言葉を** ◆

　「人間らしく生きる」をテーマにした学習では，コロナを乗り越えようとする多くの人の活動から，勇気や感謝など人間の心の素晴らしさに気づき，自ら取り組みたいと意欲を高めていました。（自己の生き方）

（新潟県　渡邉泰治）

3.人々の願い　アマビエ

<関連する主な内容項目>　D　感動，畏敬の念

　2020（令和2）年2月ごろから，国内でも新型コロナウイルスの感染者が確認され始めました。不安な気持ちが強くなっていくなか，疫病退散に関わるといわれる妖怪アマビエが注目されるようになりました。アマビエの存在はSNSで話題となり，全国に広まりました。アマビエに込められた人々の願いについて，子どもたちと一緒に考えてみたいと思いました。

教材 ・**新型コロナウイルス感染症の拡大防止を呼びかける啓発アイコン**（厚生労働省）
　　　・**『みんなのアマビエ』**（扶桑社）
　　　・**肥後国海中の怪（アマビエの図）**（京都大学附属図書館所蔵）

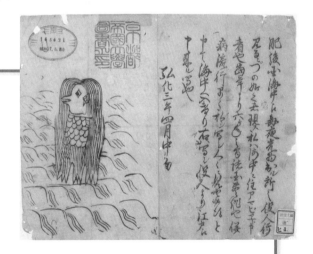

これぞ
エース級の実力！

■ 美しいものは今この時代にこそある

　「D　感動，畏敬の念」は，美しいものや崇高なもの，人間の力を超えたものとの関わりにおいて，それらに感動する心や畏敬の念をもつことに関する内容項目です。この授業の題材「アマビエ」は過去からあり，架空の存在です。しかし，「アマビエ」に込められた人々の思いや願いは，今この時代にリアルに存在する美しいものなのです。

　子どもたち自身も新型コロナへの不安を経験したからこそ，実感をもって受け止め，心動かされるでしょう。

■ 実際に描く活動を取り入れ，授業後も活用する

　授業の終末で，アマビエを写す（描く）活動を取り入れます。アマビエの予言を自分たちでも実践してみるわけです。描く活動を通して，新型コロナが早く収まってほしいという人々の願いや不安な状況でも前向きに明るく生きようとする思いに共感させます。

指導目標

　コロナ禍のなかで，絵姿を写し，それを見ることで疫病から免れるといわれる妖怪「アマビエ」に人々が願いを込めていることがわかり，大変な状況でも明るく生きていこうとする心情を育てる。(道徳的心情)

準備するもの

・教材「肥後国海中の怪(アマビエの図)」(提示用)
・教材『みんなのアマビエ』(提示用)
・教材「新型コロナウイルス感染症の拡大防止を呼びかける啓発アイコン」(提示用)

授業の実際

❶みなさんは，コロナのことでいろいろ心配や困ったことがあると思います。教えてください。

・友達に会えなくなった。
・学校が休みになった。
・病気になるのが怖い。
・友達が病気になったらいやだ。
・マスクが暑くて苦しい。
・行きたいところに行けなくなった。

と次々に困ったことが，子どもたちから発表された。

　低学年の子どもたちにとっても，新型コロナは生活が制限される大変な出来事だったことが感じられた。

ここが十八番！

　発問❶で，子どもたちのコロナ禍のなかでの生活経験をたくさん発表させる。
　困ったことや悲しかったことを語り共有できるよう，どんな意見も認め「そうだったんだね」と共感し聞く。

❷妖怪とは，日本に昔から伝わっている不思議な力をもつもののことで

す。コロナが流行してから，ある妖怪が話題になりましたが，知っていますか。

・知っている
・アマビエ

半数以上の子どもが「知っている・聞いたことがある」と答えた。

❸アマビエは，どんな妖怪か知っていますか。

　漠然とは知っているが，子どもたちからは明確な答えは出なかった。そこで，アマビエについて，アマビエの図を提示して説明をした。

　概略は，以下の内容である。

> 　今から170年くらい前の話で，長い髪にくちばし，体にウロコ，3本足のようなヒレをもつ不思議な妖怪が肥後(現在の熊本県)の海に現れて，「私は海の中に住むアマビエというもの。今年から6年間はいろいろなところで豊作が続くが，病気も流行する。そうしたら早く私の姿を写して人々に見せなさい」と言って海の中に消えていったと印刷物に残っていた。
>
> (「肥後国海中の怪(アマビエの図)」をもとに授業者が要約)

　説明の後，

　3本足のようなひれ　長い髪　くちばし

などのキーワードを板書した。

　妖怪掛け軸の専門店が紹介したことから，全国に広まったと言われていることも伝え，悪い病気を退散してくれる妖怪であることを確認した。

　すると，「テレビで見た」「アマビエのグッズを知っている」など，たくさんの声があがった。

　子どもたちの声を受け止め，アマビエが登場する(1)〜(3)の例を紹介した。

(1)
知らないうちに、拡めちゃうから。

STOP!
感染拡大
— COVID-19 —

　厚生労働省の新型コロナウイルス感染症の拡大防止を呼びかける啓発アイコン。感染予防のためのポスターに使われた。
(2)日本各地のアマビエを使った催し
　福島県の田んぼアート，岐阜県のアマビエの展覧会，群馬県のイラスト展など。
(3)書籍『みんなのアマビエ』

『みんなのアマビエ』
（扶桑社）

　この中で紹介されたイラストなどから『ゲゲゲの鬼太郎』の作者・水木しげるさんが描いたアマビエを見せた。
　イラストの他にもぬいぐるみ・人形・刺繍・ネイルアートなどさまざまなものが作られているので，それぞれ主なページを見せた。
　提示後，感想を聞くと，「絵だけでなく人形とかたくさん作られていて楽しい」「日本のいろんなところで知られるようになった」「いっぱいあってすごい」などの感想が出された。そこで，次の発問をした。

❹**人々は，どんな気持ちでアマビエを広めたり生活に取り入れたりしたのでしょうか。**
　この発問で，いろいろなアマビエに大いに盛り上がっていた教室が静かになり，子ども

たちは真剣な表情になった。そして，どんな気持ちかを考え，発表し始めた。
　　・早くコロナウイルスがなくなるといい。
　　・みんなに優しさを広めたい気持ち。
　　・みんなに安心してほしい気持ち。
　　・がんばろう，がんばってという気持ち。

これで盤石！

　この発問で，アマビエに込めた人々の願いに子どもたちの意識を向かわせる。アマビエが広まったという事実だけでなく，そこに込められた人々の美しい気持ちに気づかせ，この授業のねらいに迫っていく。

　ここで，
「大変で困ったときもどういう気持ちでいるといいのかな」
と尋ねると，
「楽しく」「明るく」「がんばる気持ち」などの言葉が出されたので，これらの言葉をまとめて板書した。

❺**みなさんも，願いを込めてアマビエを描きましょう。**
　ワークシートを配り，アマビエを描く活動をした。子どもたちは，大喜びで描き始めた。
　描き終えたところで，
「描いたらどんな気持ちになりましたか」
と尋ねた。子どもたちからは，
　　・描いてみたら，楽しい。元気になった。
　　・病気にならないようにしたい。
　　・家の人に広めたい。
という返答があった。
　最後に，描いたものを黒板にはる・グループで見せ合うなど紹介の場をつくり，それぞれの描いたものを認め合って授業を終えた。

●板書例

●教材 『みんなのアマビエ』(扶桑社ホームページ書籍詳細より，一部抜粋)

　　新型コロナウイルス禍の日本で，140年の時を経てよみがえり，SNSを中心に拡散されている妖怪アマビエ。江戸時代，弘化3年（1846年）の摺り物によれば，長髪にくちばし，体にウロコ，3本足のようなヒレをもつ異形の妖怪が肥後（熊本）の海に出現し，こう言ったと記されています。「私は海中に住むアマビエと申すもの。今年から6年間は諸国で豊作が続くが，病も流行する。早々に私の姿を写して人々に見せよ」今，漫画家をはじめ様々なアーティストやクリエイターたちが「アマビエ」をモチーフに作品をつくり，SNSなどで発表しています。

●子どもたちの描いたアマビエ

所見文例

◆ この授業で この言葉を ◆

　　「妖怪アマビエ」を題材にして，そこに込められた願いについて考えた学習では，不安や困ったことに対して，前向きに明るく生きようとする人々の思いを感じ，素直に感動の言葉を表していました。（道徳的諸価値の理解）

（新潟県　大淵栄子）

4.ごみ集めのおじさんへ
～ ごみ収集作業員が女児にお礼の手紙 ～

<関連する主な内容項目>　B　感謝

　新型コロナウイルスは，臨時休校や学校行事の中止や延期など，教育活動にも大きな影響を与えています。毎日の生活に不安や不自由を感じている子どももいます。そんななかでも，生活を支えてくださる方へ思いを寄せる小学生がいました。この温かいエピソードを伝えることで，感謝の心をもつことの大切さに気づかせ，新型コロナに向き合っていく力を高めたいと考え，授業をつくりました。

教材　・「うれしい」励みに　ごみ収集作業員が女児にお礼の手紙
　　　　長崎新聞　2020年5月13日

　　　・**新型コロナウイルスなどの
　　　　感染症対策としての
　　　　ご家庭でのマスク等の捨て方**（環境省）

これぞ
エース級の実力！

荒木円愛さんが作業員に贈った手紙©長崎新聞社

■ 支えてくれている人への感謝の気持ち

　小学3年生の女の子が，コロナ禍のなかで大変な思いをしながら働いてくださっているごみ収集作業員さんに，感謝の手紙を送りました。その手紙に，作業員さんから返事が届きました。2人の手紙のやり取りから，子どもたちは，普段の生活を振り返り，自分たちの生活を支えてくれている人たちへの感謝の気持ちをもつようになります。

■ 自分たちにも何かできることがないか？

　コロナ禍のなかで，ごみ収集作業員さんの他にも，私たちの生活を支えてくれている方々がいます。医療従事者，保育士や運送業，観光業，農業の方などです。子どもたちは，同年代の女の子の行動を知り，「自分たちにも何かできることがあるのではないか」と考えていきます。
　女の子の行動（手紙）が，働く人たちの励みになっていることにも注目し，「誰かから感謝される自分の姿」についてもイメージさせましょう。

指導目標

作業員と女児の交流から私たちの生活を支えてくれている人がいることに気づき、その方々への尊敬と感謝の気持ちをもって生きようとする意欲をもたせる。（道徳的実践意欲）

準備するもの

・教材「『うれしい』励みに　ごみ収集作業員が女児にお礼の手紙」（p.102掲載）
・教材「新型コロナウイルスなどの感染症対策としてのご家庭でのマスク等の捨て方」（掲示用）

授業の実際

4年生で実施した。最初に、右の6つの言葉を黒板に書いた。子どもたちは、板書に合わせて「つまんない、……」と声に出して読んでいた。

❶この言葉を聞いて、どう思いましたか。

子どもたちからは、「マイナスの言葉」「やる気がない感じ」という声が聞かれた。

「これは臨時休校中の子どもの感想です」と伝えたところ、「早く学校に行きたかった」「つまんなかった」「でも、休めてラッキーだと思った」など、臨時休校中のことを振り返る発言があった。しばらくは、その発言を受け止める時間とした。

ここが十八番！

道徳の学習では、間違った答えはない。「休めてラッキーだった」という発言に対し、「先生もそう思ったときあった」と否定はしないで受け止める。そうすることで、素直に自分の思いや考えを伝えることのよさが伝わり、安心して発言できる雰囲気がつくられる。

その後、
「みんながそう思っていたころ、新聞記事のなかにこんな絵がありました」と言って、女の子の手紙に描かれていたイラストを提示して、次のように聞いた。

❷この絵を見て、思ったことや気づいたことは何ですか。

「まず、『お隣さんに、どう思う？』と聞いてみましょう」
と話し、ペアで意見を共有した上で、発表を求めた。子どもたちからは、

- ・かわいい絵
- ・ハートがある
- ・指輪かな？
- ・「ありがとうございます」という感謝の言葉が書かれている。

という発表があった。

出された感想や疑問を受け止めながら、手紙を出した女の子の写真を紹介した（インターネットの新聞記事から入手可能）。

教材の新聞記事から、写真の女の子は小学3年生の荒木円愛さんであることを説明した。

「円愛さんが持っている手紙には、こんな言葉が書かれていました」
と言って次の文を示した。

> ゴミをあつめるおじちゃんです。
>
> おてがみありがとうございます。
>
> はげみになってすごくうれしいです。
>
> （後略）

「円愛さんは、どんな手紙を書いたのでしょうね」
と語りかけながら、手紙の全文を読み聞かせた。

❸円愛さんは、なぜ手紙を書くことを思いついたのでしょうか。

手紙の交流の経緯を、子どもたちは、少し

難しそうな顔をしながら，一生懸命に考えていた。しかし，なかなか考えが浮かばない様子が見られた。そこで，以下の環境省ホームページの資料を提示して，マスクが添えられていたことを紹介した。

**新型コロナウイルスなどの感染症対策としての
ご家庭でのマスク等の捨て方**

新型コロナウイルスなどの感染症に感染した方やその疑いのある方などがご家庭にいらっしゃる場合，鼻水等が付着したマスクやティッシュ等のごみを捨てる際は，以下の『ごみの捨て方』に沿って，「ごみに直接触れない」「ごみ袋はしっかりしばって封をする」そして「ごみを捨てた後は手を洗う」ことを心がけましょう。

ごみの捨て方

①ごみ箱にごみ袋をかぶせます。いっぱいになる前に早めに②のとおりごみ袋をしばって封をしましょう。

②マスク等のごみに直接触れることがないようしっかりしばります。

③ごみを捨てた後は石鹸を使って，流水で手をよく洗いましょう。

※万一，ごみが袋の外に触れた場合は，二重にごみ袋に入れてください。

・『ごみの捨て方』に沿っていただくことにより，ご家族だけでなく，皆様が出したごみを扱う市町村の職員や廃棄物処理業者の方にとっても，新型コロナウィルスやインフルエンザウイルスなどの感染症対策として有効です。
・ごみを捨てる際は自治体のルールに従うとともに，ポイ捨ては絶対にやめましょう。使用済みのマスク等のごみを捨てる際にも，『ごみの捨て方』を参考に，「ごみに直接触れない」「ごみ袋はしっかりしばって封をする」そして「ごみを捨てた後は手を洗う」ことに注意しましょう。

環境省

環境省公式HP

感染症対策としてのごみの出し方に関係があることに気づいた子どもたちから，次のような発表があった。

・ごみを集めてくれている人の励みになるから。
・コロナが流行していて，たいへんだから，応援したいと思ったから。
・コロナでたいへんななかでも私たちの生活を守ってくれていることを知ったから。
・コロナウイルスにかかってしまうかもしれないなかでも，ごみを集めてくれていて，感謝の気持ちを伝えたかったから。

感染症対策として，手洗い，消毒，マスクの着用などについては，子どもたちも知っていたが，ごみの処理についてまでは，考えが至っていなかったようである。コロナ禍においては，ごみの出し方にも注意が必要である

ことを確認して，次の発問をした。

❹2人の手紙のやりとりからどんなことを学びましたか。

これで盤石！

これは，不便なことや不自由なことばかりを考えずに，現状を前向きに考えさせるための発問である。発問❶の臨時休校中の考えと，発問❸の円愛さんとごみ収集作業員さんとの手紙のやりとりを比べることで，子どもたちの思考が活性化される。

次のような発表があった。
・コロナのなかでがんばっている人に円愛さんが手紙を書いている。僕もできたらなと思った。
・私も感謝の気持ちを伝えてみたい。円愛さんはすごいと思った。
・コロナで厳しいなか，とてもがんばっている人に励みになるようなことをしたい。
・できることをやって，感謝の気持ちを伝えるようにしたい。

子どもたちは，当たり前のようにごみを回収してもらっていたことに気づき，さらに「自分たちにもできることがあるのでは？」と考えることができたようである。

❺コロナ禍のなかで，みんなの生活を守ってくれている人は他にもいませんか。

視野を広げる発問である。子どもたちからは，すぐに「お医者さん・看護師さん」という返答があった。

ここで，コロナ禍で風評被害を受けたり，困難を抱えたりしながら働いている方々（医療従事者，保育士や運送業，観光業，農業の方など）について，エピソードを交えて紹介し，あえて感想を求めずに授業を終えた。

後日，「新型コロナウイルス感染症対策に取り組む方への感謝のお手紙を書く活動」（p.102参照）につなげることができた。

●教材　「『うれしい』励みに　ごみ収集作業員が女児にお礼の手紙」

　「ゴミをあつめるおじちゃんです。おてがみありがとうございます。はげみになってすごくうれしいです」―。こうつづられた手紙が今月８日，長崎県南島原市立有家小３年の荒木円愛（まどあ）さん（８）＝同市有家町＝の自宅ポストに投函（とうかん）されていた。

　新型コロナウイルスの感染拡大が続く中，家庭から出されるごみ袋に，収集にあたる作業員への感謝のメッセージが添えられるケースが全国で相次いでいる。今回は女児の手紙に匿名の作業員が返信した。円愛さんは「気持ちが届いてうれしい」と喜んでいる。

　「ゴミをあつめてくださる方へ　コロナでたいへんな中で　ゴミをもっていってくださり　おしごとありがとうございます。これからもおねがいします」

　母桃子さん（45）から一連の出来事を伝え聞いた円愛さんは，自宅から出たごみ袋に感謝のメッセージにイラストを添えた便せんを貼り付けて今月１日，自宅前に置いた。翌週の８日にもごみ袋に同様の手紙とマスクを添えた。

　８日昼すぎ，桃子さんがポストを開いたところ便せんを確認。手紙は匿名で，円愛さんへの感謝の言葉がつづられていた。桃子さんは「返事が来ると思っていなかった。娘にとって一生の宝物。娘の気持ちに応えてくれた作業員の方に感謝したい」とお礼。円愛さんは「これからも私たちのためにお仕事頑張ってください」とエールを送った。

　市環境水道部によると，市民から収集作業への感謝の手紙は初めて。担当者は「家庭ごみの量は例年と変わらないが，作業員は感染対策として，マスクと手袋の使用を徹底している。手紙は作業員の励みになり，うれしい」と話している。

2020/5/13 00:16（JST）5/13 17:40（JST）updated　©株式会社長崎新聞社

●授業後の活動　「新型コロナウイルス感染症対策に取り組む方への感謝のお手紙を書く活動」

　翌日，「先生，私も手紙を書きました！」といって，手紙を見せてくれた子どもがいた。その子は，歯医者さんで働いているお母さんと従業員の方へ手紙を書いた。手紙には，かわいらしい絵と一緒に，次のような言葉がつづられていた。

　コロナでたいへんななか，みんなの歯を守ってくれてありがとうございます。
　私も学校でがんばるので，おしごとがんばってください。

所見文例　◆ この授業で この言葉を ◆

　「コロナ禍だからこそ，できること」をテーマにした学習では，２人の手紙のやりとりから，コロナの影響を自分の生活と結びつけて考え，日常を支えてくれている人への感謝の気持ちを高めていきました。（自己を見つめる）

（岡山県　緒方拓也）

5.「できない」を越えていく
～ 渇きを力に変えて ～

<関連する主な内容項目＞　A　希望と勇気，努力と強い意志

　新型コロナウイルスの感染拡大により，行動が制限され，あれもだめ，これもだめ，できないことばかりを考えてしまいがちです。大塚製薬の健康飲料「ポカリスエット」の合唱CMも，撮影中断を余儀なくされました。しかし，撮影ができないというトラブルを乗り越え，CMがどのように生まれたのか，CMの舞台裏から学びます。また，想定外で困難な状況への向き合い方についても考え，希望をもって生き抜くためのヒントを学ぶ授業です。

教材　・「ポカリ新CMの舞台裏『計画断念』でも守ったもの　98人奇跡の自撮り」
　　　　「できない」をアイデアで越えていく
　　　withnews　2020年4月27日　https://withnews.jp/

これぞ
エース級の実力！

渇きを力に変えてゆく。

©汐谷友希／大塚製薬

■ 諦めではなく，希望をもって

　新型コロナの感染拡大により，子どもたちも「コロナだからできないかな……」と物事を消極的に考えてしまいがちです。しかし，ポカリスエットのCM完成に至るまでの道のりを学んでいくと，子どもたちは，この状況だからこそ「できることがある」ことに気づいていきます。この授業は，「できないをアイデアで越えていく」という発想を子どもたちにもたせ，今後の人生を明るく前向きに生きていくきっかけとなるはずです。

■ 高めた気持ちを生かすために実践の場の設定をする

　「善は急げ」との言葉があります。授業のなかで，子どもたちは「よし，自分もがんばろう！」と思います。高めた気持ちを生かしていくためには，実践の場が必要です。授業後，学級活動で何ができるかを話し合い，決めた活動を行っていくなかで，「できない」をアイデアで越えるという体験をさせていきましょう。

指導目標

ポカリスエットのCMの舞台裏から，困難な時代にあって，なぜ新しい取り組みが次々と生まれてきているのかを考え，希望をもって生きていこうとする意欲をもたせる。（道徳的実践意欲）

準備するもの

・教材「ポカリ新CMの舞台裏『計画断念』でも守ったもの　98人奇跡の自撮り」「できない」をアイデアで越えていく（p.106掲載）（配付用）
・ポカリスエットの写真（提示用）
・CM「ポカリNEO合唱」篇

授業の実際

夏休みが明けた8月下旬に，6年生に実施した授業である。

❶新型コロナの感染拡大で，規制されていることは何でしょうか。

【学校】【日常】
・学芸会・旅行・買い物
・部活動・外出
・水泳　・会話

子どもたちから出された意見を，【学校】と【日常】に分けて板書した。

❷逆に，新型コロナの感染拡大で，生まれたもの（こと）はありますか。

新しく生まれたものとして子どもたちから出された意見を，発問❶で出された意見に対比させて板書した。

規制されていること	新しく生まれたもの（こと）
【学校】【日常】 ・学芸会・旅行・買い物 ・部活動・外出 ・水泳　・会話	・オンライン ・リモート ・在宅勤務 ・無観客ライブ ・マスク

ここでは，新型コロナの感染拡大の影響で，規制されていることばかりでなく，新たに生まれたものがあるということに気づかせる。

そのために，両方の事例を対比的に板書で表した。意見が出尽くしたところで，次の写真を見せて発問をした。

❸この飲み物を知っていますか？

©大塚製薬

子どもたちは，馴染みのある飲み物だったため，すぐに「ポカリスエット！」と反応した。その後，本時はポカリスエットのCMから学んでいくことを伝え，次のように尋ねた。

❹新型コロナが流行している今，合唱をしてもよいでしょうか。〈1.よい〉〈2.だめ〉どちらですか。

授業のなかで，このように2択で答えられる発問を用意することで，全員が授業に参加ができるようになる。ここでは，全員が〈2.だめ〉を選ぶ結果となった。

その後，本時で扱うポカリスエットのCMは，合唱がテーマであることを伝えると「え？」と反応する子もいた。そこで，「合唱が規制されているなかで，どのようにCMを作ったのか，探っていきましょう」と伝え，教材を配付し，教師が範読した。

読み終えたところで，「コロナウイルスの影響で，撮影ができないという，トラブルがあったのに，なぜCMを完成させることができたのでしょうか」と話し，次のように板書をした。

> 「できない」を　　　　　　で越えたから。

板書後，次の発問をした。

❺　　　　　には，どんな言葉が入るでしょうか。

子どもたちからは，次の発表があった。
・みんな　・チームワーク　・協力
・絶対にやるという気持ち　・努力

意見が出尽くしたところで，「アイデア」という言葉が入ることを伝えた。「どういうことだろう？」という表情を浮かべたので，子どもたちの疑問に問い返す形で，次のよう

に発問をした。

❻「できない」をアイデアで越えるとは，どういう意味でしょうか。

ここでは，全員に発言の機会を与えるため，似ている意見であっても自分の言葉で発表するよう指示をした。全体で発表させたところ，次のような意見が出された。

・発想の転換　　・みんなの知恵
・思いつき　　　・想像の力
・必死に考えると，方法が見つかる。
・「できる」に変えていく。

ここが十八番！

道徳の授業では，1つの考えだけでなく多様な考えに触れさせることが大事である。ここで，全員に発言させて自分の考えを深めたり，広げたりさせていく。

ここで，❷の板書に注目させ，次の発問をした。

❼さまざまな規制があるなかで，新しいもの（こと）が生まれているのはなぜでしょうか。

子どもたちからは，すぐに「できないをアイデアで越えたから」という板書された言葉が返ってきた。もちろん「正解」であるが，この答えに固執するのではなく，子どもから出された考えも活用して，困難に対してさまざまな発想で乗り越えていけることを確認した。その後，教材の「できないを越えていく」の部分を配付し，範読した。読み終えたところで，最後の発問をした。

❽これからの学校生活で，みんなの力を合わせ，困難を越えてやってみたいことを考えてみましょう。

子どもたちからは，10月に行われる運動会に関する意見がたくさん出された。

・去年のような運動会はできないけど，楽しい運動会にしたい。
・騎馬戦のような競技がしたい。

1人の子どもが挙手をしたので，指名すると，「もっと，ゆっくり考えたいので，宿題に

してもいいですか？」と，質問をした。

他の子も，その意見に賛同する様子であったので，翌日の学級会で，運動会で行う競技について，話し合う旨を伝え，授業を終えることにした。

これで盤石！

考える時間を十分に与えることで，自分の考えを，しっかりもって話し合いに望むことができ，より深い学びにつながる。学級会で今後どのような活動を行うか決定し，実践するなかで道徳性を養っていきたい。

●翌日の学級会での様子　※C：子ども

C1：考えてみたけど，騎馬戦は手袋をすればできないかな。

C2：手袋という案はよいけど，騎馬を組むことは接近することになってしまって，コロナになってしまうのでは……。

（騎馬戦に対して憧れがあり，やりたいと思っている子どもは多くいたが，感染防止のため，他の競技を考えることになった。）

C1：戦国時代について勉強しているし，去年も一昨年も戦っている姿はかっこよかったので，合戦がしたい。

（他の子どもも賛同）

C3：雪合戦のような玉を当て合う合戦は？

C4：雪の代わりにボールや赤玉白玉を使えばいい。

C5：人に当てるのではなく，的にすればいいのでは。

上記のような話し合いで学級では雪合戦のような競技に決まった。後日，学年でも話し合った結果，雪合戦のような玉を当て合う競技を行うことに決まった。

置かれた状況で何ができるか，前向きに話し合う姿が見られた。コロナによって開催も危ぶまれた運動会であったが，6年生が主体となって，運営したり新競技が生まれたりするなど，子どもたちの知恵で新しい運動会のスタイルがつくられ，楽しい運動会となった。

●**教材**　「ポカリ新CMの舞台裏　『計画断念』でも守ったもの　98人奇跡の自撮り」
「できない」をアイデアで越えていく　withnews　2020年4月27日（内容は授業者が抜粋し，一部改変）

　在宅勤務中，ふとのぞいたツイッターのタイムラインでした。対面で取材ができない。自由にあちこち出かけられない。あれはだめ，これもだめと，できないことばかりを考えていた矢先，エネルギーの塊のような中高生の表情と歌声にぐんぐん引き込まれました。大塚製薬の健康飲料「ポカリスエット」の新CMが，SNSなどで「すごい」と評判です。元はまったく違うプランだったというCM。担当者は「柔軟に変更・判断していった」と明かします。感動を呼んだCMから，想定外で困難な状況への向き合い方を考えます。

制作はいつから始まったのでしょうか。

　今回のCMの企画が始まったのは，昨年10月からです。ポカリスエットのCMでは，ブランドコンセプトである「生命力」を伝えるため，2016年からダンスを採り入れた表現を続けてきました。今年度はそれをアップデートし，「合唱」をテーマとした新たな表現にチャレンジする予定でした。

当初はどんなプランだったのでしょうか。

　「渇きを力に変えてゆく。」というコピーがありました。合唱をテーマにどう伝えられるか検討していくうち，自分が楽しいと思うことを自由に表現し，共に歌う新しい合唱の形を「NEO合唱」と命名しました。当初，たくさんの中高生に同じ場所に集まってもらい，今年の3月中旬から撮影する予定でした。ところが，新型コロナウイルスの感染が世界中で広がってしまいました。

当初の計画は2月下旬に断念

　「CM制作にかかわるすべての人の安全確保を最優先するためです」「3月初旬に，自撮りでCMを制作することを決め，スマートフォンを使ってそれぞれが自撮りした98人分の動画をつなぎ合わせてCMを制作しました。実際に編集されるまで，どのようなCMになるのか，仕上がりが想像しづらかったのですが，それゆえに，編集したものを初めて見たときには，その熱量に心を動かされました」

　4月10日から公開された30秒のCMは，制服姿の女性が部屋で自撮りした独唱から始まります。しばらくして，画面は9分割，25分割となり，同じように家の中やベランダなどで歌う中高生の姿が映し出され，声が重なっていきます。その後，1人ずつ歌う動画が続き，最後に再び声が重なっていく。それはまるで別々の場所にいる若者の「合唱」のようです。放映が始まると，SNSには様々な反応が広がりました。「ほんとにすごい。『撮影ができない』というトラブルから生まれたはずなのに，シンプルにおしゃれでかっこいい。遠隔でもこんな映像がつくれるのだと一番乗りで証明してくれた」

できないを越えていく

　わたしが社会部で担当するのは，今年開幕するはずだった東京五輪・パラリンピック。仕方ないと頭で分かっていながら，うまく気持ちが切り替えられなかった時でもありました。CM動画を繰り返しクリックし，そのつど画面に出てくる「渇きを力に変えてゆく。」とのコピーが，胸に迫ります。「できない」をアイデアで越えていく。CMから伝わるそんな姿勢が，今もわたしの気持ちを奮い立たせてくれています。

所見文例　◆ **この授業で この言葉を** ◆

　「困難の乗り越え方」をテーマにした学習では，「できない」をアイデアで越えたポカリスエットのCMの舞台裏から，困難な状況でも諦めずに生きていこうとする気持ちをもつことができました。（自己の生き方）

（愛知県　辻　志郎）

実践 vs.コロナ

コロナに負けないで，前に進んでいこう！

1. 希望が遠くに輝いているからこそ
2. コロナ禍を乗り越える人間のチカラ
3. 人々の願い　アマビエ
4. ごみ集めのおじさんへ
5. 「できない」を越えていく

　コロナ禍の子どもたちは，「かわいそうな子どもたち・運が悪い子どもたち」ではありません。コロナに負けない「たくましい子どもたち」です。

　これからをよりよく生きようとする子どもたちの力を信じ，コロナに正対する構えを育てる5本の授業実践です。

1. 希望が遠くに輝いているからこそ

　なぜ，がんばれるのか。

　なぜ，強く生きられるのか。

　それは，希望が遠くに輝いているからである。

　難病を乗り越え，新たな目標に向かって「第二の水泳人生」を歩み始めた池江璃花子選手の言葉や行動から，子どもたちは，人間の強さや気高さを学ぶ。そして，その姿は，人としてよりよく生きる喜びのメッセージである。

写真提供：産経新聞社

2. コロナ禍を乗り越える人間のチカラ

　コロナ禍において，医療従事者をはじめ，私たちの日常を支えてくださっている方々への差別や偏見は，けっして許されない。

　差別や偏見は，論外。感謝の気持ちをもつのは，当たり前である。だが，それだけでは，受け身である。他人任せになる。

　大切なのは，コロナに立ち向かっている方々から，困難を乗り越えようとする人間のチカラを学ぶことである。自分にも，できることが必ずある。それを実行してみる。そうすることで，「禍」を「福」へと変える希望の道が見えてくる。

写真提供：京丹波町教育委員会

3. 人々の願い　アマビエ

　人間の力を超えた何かを畏れ敬う心の働き，それが畏敬の念である。「何かとは何か」なんて，わからない。言葉や形では表せないから，何かなのである。

　けれども，この授業では，1年生がその何かをイラストで表している。伝説の妖怪アマビエである。人は，不安でたまらなくなると，何かにすがりたくなる。コロナ禍では，その「何か」が，妖怪アマビエである。

　子どもたちが描いたアマビエを見ると，思わず笑みがこぼれる。不透明な先行きが，明るくなる。子どもたちの思いが伝わり，私たち大人も元気になれる実践である。

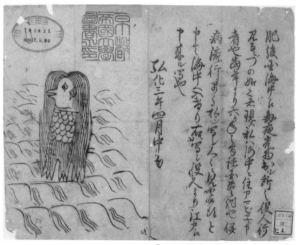

「肥後国海中の怪（アマビエの図）」
（京都大学附属図書館所蔵）

4. ごみ集めのおじさんへ

　コロナ禍により，子どもたちの学校生活も，これまでとは一変した。その一つが，マスクの着用である。飲水や給食のとき以外は，常時マスク着用。ストレスを感じることもあるだろうが，子どもたちは，その必要性を理解してマスクを着用している。

　しかし，自分が使ったマスクが，その後，どのように処分されるのかまでは，意識がいかない。この授業では，その処理（ごみ集め）に関わる方との交流を教材にし，さらに，マスクに注目させている。新たな知との出合いがあり，そこに，尊敬と感謝の念が生まれる授業である。

荒木円愛さんが作業員に贈った手紙©長崎新聞社

5.「できない」を越えていく

　コロナのせいで，「あれもダメ，これもダメ」と，できないことばかり増えたら癪である。最初からあきらめずに，知恵を出して協力し合って，やりたいことをやりとげてみたい。そして，「ざまあみろ，コロナ！」と叫んでやりたい（少々，言葉は乱暴ですが……）。

　喉だけでなく，心まで渇いてしまいそうな事態を，ポカリスエットが潤してくれた。「『できない』をアイデアで越えていく」という発想である。コロナ禍だからこそ，反骨心が芽生え，アイデアが生まれ，心の絆が深まる。

　vs.コロナ，完勝である。

©大塚製薬

（編著者　佐藤幸司）

第3章

実践編

withコロナ
今　大切にすべき心

第Ⅱ部

第3章

実践編

withコロナ
今　大切にすべき心

 # 1.来年の流行語大賞は？

<関連する主な内容項目>　C　伝統と文化の尊重，国や郷土を愛する態度

　年末になると，その年話題になった言葉を選ぶ流行語大賞（『現代用語の基礎知識』選 ユーキャン新語・流行語大賞）が発表されます。今年（2020年）の年間大賞には，「密閉，密集，密接」の「3密」が選ばれました。トップ10には，「アベノマスク」「アマビエ」など，コロナ禍と関係の深い言葉が並びました。

　来年は，ポストコロナ社会として，希望にあふれる世の中であってほしいものです。

　では，来年は，どんな言葉が流行する（してほしい）と思いますか。その願いを「来年の流行語」に託してみましょう。

教材　• 今年（2020年）の流行語大賞
　　　• 過去3年（2017・2018・2019年）の流行語大賞

流行語
大賞

これぞ
エース級の実力！

■ 世相に目を向ける

　2020年は，コロナ禍でさまざまな行事や活動が変更または 中止になりました。もちろん，これは，学校生活に限ったこと ではありません。日本だけでなく世界中で，人々の暮らしが大きく変わってしまいました。

　高学年の子どもたちには，もっと世の中の動きやありさま（世相）に目を向けさせたいと思います。来年，日本はどんな国であれば，人々，みんなが幸せに暮らせるのでしょうか。流行語大賞に示されたその年の世相を考え，来年はどんな言葉が流行してほしいかを話し合います。

■ 来年（2021年）以降も実施可能　～「ロングセラー」の道徳授業～

　この授業は，新型コロナウイルスが世界中で流行した2020年12月に実施したものです。5年後，10年後には，効果的なワクチンや治療薬が開発され，新型コロナは，インフルエンザのような扱いになっているかもしれません（そう願います）。

　けれども，この授業は，今年しか使えない一過性の実践ではありません。コロナが終息したときには，人類がコロナに打ち勝った歴史を学びながら，2020年の流行語大賞「3密」を振り返ってください。また，同じ授業展開で，その年の流行語大賞を教材に加えて新たな授業に進化させていただければ幸いです。

指導目標

「流行語大賞」からその年の世相に気づき，来年の日本の姿を希望をもって思い描き，その実現を願う心情を育てる。（道徳的心情）

準備するもの

・今年（2020年）流行語大賞に関する記事
・今年と過去3年間の流行語大賞を書いた短冊（3密，ワンチーム，そだねー，インスタ映え）（提示用）

授業の実際

「これから，3つの言葉を見せます。さて，何の言葉でしょうか」
とクイズを出すような雰囲気で，子どもたちに語りかけた。

「1つめは，これです」
と言い，2017年の流行語大賞「インスタ映え」を短冊に書いて提示した（裏面に粘着マグネットをつけて準備し，ペタッと黒板にはった）。

インスタ映え

子どもたちは，「いんすたばえ」と，声に出して読んでいた。「知っています」と挙手をした子どもを指名したところ，

「写真とか撮って，インスタグラムに載せたとき，おしゃれでいい感じに見えるってことで，そういうときに，『いいね！』をたくさんつけてもらえるんです」
という発表があった。

「次は，この言葉です」
と言って，2018年の流行語大賞「そだねー」を同じように提示した。

そだねー

ここまでで，子どもたちの間から，「流行った言葉？」「流行語大賞？」の声がした。さらに，イントネーション通りの「そだねー」の声も聞こえた。

「これは，何の言葉かな？」
と問うと，子どもたちから，

・北海道の女子のカーリングの選手たちが試合中に使っていた言葉
・オリンピックで初めてカーリングでメダルを取った。
・作戦タイムみたいなときに，おやつを食べながら，「そだねー」って言っていた。
という発表があった。

「なるほど，よく覚えていますね」
とほめた後，

「では，3つめの言葉です」
と言って，2019年の流行語大賞「ワンチーム」を同じく短冊で提示した。すると，すぐに「ラグビーだ」の声があがり，子どもたちは，「やっぱり流行語大賞だ」と会話し始めた。

ワンチーム

実は，この後，「この3つは，何の言葉か」を聞く予定だったが，子どもたちから「流行語大賞」という言葉が出たので，ここで「当たり！」と言って，それぞれの言葉の上に，受賞の年（2017・2018・2019年）を板書した。

「英語で書ける人，いますか？」
と聞いたところ，3人の手が挙がったので，その子たちを指名して，相談しながら黒板に英語で書かせた（ONE TEAM）。

何の言葉なのかを尋ねたところ，

・ラグビーの日本代表の選手の人たち（チーム）が，使っていた。
・日本の選手の合言葉。その言葉をめあてにしてがんばった。
という発表があった。

短冊を3枚並べて黒板にはり，それぞれの言葉について確認した。

「『ワンチーム』は，去年（2019年）の流行語大賞です。去年の9月に日本でラグビーのワールドカップが開催されました。日本チームが大活躍しましたね」

子どもたちから，「リーチマイケル選手がすごかった」など，楽しそうな声が聞こえた。

続けて，「そだねー」は2018年の平昌五輪，「インスタ映え」は3年前（2017年）に流行った言葉であることを話した。

※2017年は，「忖度」も「インスタ映え」に並んで大賞を受賞している。この言葉は政治的な問題が絡むため，ここではあえて取り上げなかった。

❶今年の流行語は，何という言葉が選ばれたでしょうか。

最初に，
「知っている人は，まだ言わないでね」
と話した。次の言葉が出された。

・コロナ　　・密です　　・アベノマスク
・ぴえん　　・自粛　　　・3密
・鬼滅の刃　・手洗い　　・うがい

発言が出尽くしたところで，
「今年の流行語大賞は，この言葉です」
と言って，短冊に書いた「3密」を提示した。子どもたちからは，
「やっぱり〜」という声が聞こえた。

ここで，「3密」と過去3年の流行語大賞を書いた短冊を対比的に黒板にはり，次のように聞いた。

> 3密

❷過去3年間の流行語大賞と今年の流行語大賞を比べてみると，どんなことに気づきますか。

ここが十八番！

「3密」↔「ワンチーム・そだねー・インスタ映え」は，それぞれが1つの資料である。資料を複数提示するのは，「それらを比べて考えよ」という教師のメッセージである。比べる（対比または類比させる）ことで，そこに含まれる道徳的な価値について考えることができる。

・2020年は，みんなが使ったから選ばれたと思うけど，その前の3年間は，人気になったものだと思う。
・前の3つは，日本だけのものだけど，2020年は，世界的なもの。
・2017年から2019年は，明るい。2020年は，暗い。
・前の3年は，楽しい流行語大賞だったけど，2020年は嫌な流行語大賞。
・流行語というものは，その年の生活や気持ち，環境などの意味が，その言葉一つに込められている。
・流行語は，その年の出来事と関係している。だから，今年は暗い言葉になった。

発言が出尽くしたところで，今年の流行語大賞には，「アベノマスク，アマビエ，オンライン○○」など，コロナ禍と関係の深い言葉がトップ10に並んだことを伝えた。

「来年（2021年）は，どんな年になってほしいですか」
と聞いたところ，

・コロナが収まって，修学旅行（東京）に行きたい。
・今年できなかったことができるような年になってほしい。
・コロナで体験したことを生かせる年であってほしい。
・オリンピックが開かれるといい。
・今年はコロナのことばっかりだったから新しい話題が次々と起こるといい。
・日本中が明るくなるといい。
・我慢している人がいなくて，みんなでやることが多くなるといい。

という発言があった。

❸来年は，どんな言葉が流行語大賞になってほしいですか。

「日本の社会がこんなふうになってほしいという願いを込めて，未来予想してみましょう」
と話し，短冊を配って「2021年流行語大賞」を書かせた。悩んでいる子には，「来年は，日本の社会がどんなふうになってほしいの？」と声をかけた。

これで盤石！

自分が望むわが国の姿を直接問うのではなく，その姿を「流行語大賞」の言葉に託す。みんなが幸せに過ごせる社会をイメージさせ，国や郷土を愛する心の育成へとつなげる。

書き終えたら，まず，グループ内で発表した。次に，グループ内での「大賞」を1つ選び，全体で発表して授業を終えた。

●**教材** 『現代用語の基礎知識』選 ユーキャン新語・流行語大賞から
今年（2020年）と過去3年間の流行語大賞

2020年	3密	新型コロナの感染拡大を抑えるために避けるべき「密閉・密集・密接」を示すもの。
2019年	ONE TEAM（ワンチーム）	ラグビー日本代表チームが掲げたスローガン。7カ国15人の海外出身選手を含む31人は，ONE TEAMとして結束し，決勝トーナメント進出を果たした。
2018年	そだねー	平昌五輪の女子カーリングで銅メダルを獲得した日本女子チームのメンバーが試合中に交わした言葉。北海道独特のイントネーションで注目を集めた。
2017年	インスタ映え ※同時受賞 忖度	写真・短時間動画共有SNSのインスタグラムに投稿するために写真にこだわる現象から生まれた言葉。

●子どもたちが考えた「2021年流行語大賞」

NOマスク	マスクなしで生活できるようになって，いろいろな人と関われるようになってほしいから。
五輪日本選手快挙	日本の選手は優秀で，すごく強いから，オリンピックで大快挙の成績を残して，日本の経済も右肩上がりになるといいから。
自粛解放	自粛をしなくていいような年にしたいから。
笑顔	オリンピックとか開催されて，選手も笑顔に。一人一人が楽しめるような生活ができ，社会全体が笑顔になってほしいから。来年の自分が思っている社会になるためには，今から，私たちがどうするかによって社会全体を変えられるから，できることをさがし，一つのことにがんばって取り組んで，来年を変えたい。
にっこり	日本中の人たちが笑顔で生活できて，明るい笑い声がたくさん聞こえる生活ができるよう。楽しくいい日本にするために，自分でもできることをしたい。

　他には，節目，コロナ終息，ワクチン，元通りよりももっといい，元気な社会，平和，チャレンジ，健康第一などがあった。
　ユニークなところでは，火星探査機のマーズ2020，環境問題のごみ0環境という言葉もあった。

所見文例

◆ この授業で この言葉を ◆

　「2021年の流行語大賞」を考えた授業では，来年はコロナが終息してみんなが幸せに過ごせる社会になってほしいという願いをもって「にっこり」という言葉を発表しました。　（自己の生き方）

（山形県　佐藤幸司）

2.世界に一つだけ 株式会社「自分」
～ 仲間と共に過ごした1年間を生かして ～

<関連する主な内容項目>　A　個性の伸長

　「友だちのいいところ探し」は，どの学年・どの時期にもできる活動といえます。しかし，教師がどんな意図をもって行うかで，この活動の意味は大きく変わります。この授業では，自分のことを株式会社に見立て，その特徴を友だちと一緒に考えていきます。そして，授業の終わりには友だちから贈られた言葉を振り返りながら自己PR文を書きます。1年間，同じ時間を共有した友だちと行う活動だからこそ，より自分を「好き」になれる授業となっています。

教材 ・「自分のことを好きになるために」
（『日本一心を揺るがす新聞の社説3』p.26～28，一部抜粋）
（水谷もりひと：著／ごま書房新社）

■ 次につなげる！　学年最後の道徳授業
　1年間，同じ学級で過ごした年度末だからこそ，自分のよさを友だちから教えてもらったり，直したいところへのアドバイスをもらったりする活動に大きな意味があります。自分では気づかないよさや親身になったアドバイスなど，互いをよく理解した上で贈る言葉には温かみがあります。この温かい言葉は自己肯定感を高めると共に，さらに自分をよくしよう，好きになろうという思いも高めることでしょう。次年度に向かう自分への期待も高まるような授業で1年間の道徳のまとめとします。

■ 自分のよさを前向きに捉えられるように
　「ぼくは，『やさしい』しかいいところがない……」。この活動では，このような言葉が子どもから聞こえてくることもあります。やり方を工夫して，友だちが書いたものを見ないようにしても，いろいろなよさを書いてもらえる子もいれば，同じよさばかり書かれる子どももいることでしょう。子どもは，同じものばかりだと「自分のよさはあまりない」と考えてしまいがちです。しかし，多くの友だちが認めるそのよさは，その子ども自身を象徴するような素晴らしいものなのです。友だちが書いたよさを見る際には，このようなことをきちんと伝えておくことが肝要です。

指導目標

　世界に一つしかない株式会社「自分」の特徴を友だちと考える活動を通して，自己肯定感を高め，自らをよりよい方向に伸ばそうとする意欲をもたせる。（道徳的実践意欲）

準備するもの

・教材「自分のことを好きになるために」
　（p.118掲載）（提示用）
・ワークシート（配付用と提示用）

授業の実際

　3月に，4年生で行った授業である。
　自分の会社のことをあまりよく思っていない3人の社長の言葉を提示する。
⑦自分の短所をそのままにする社長

　　　　「うちの商品は壊れやすいことはわかっているけど，なかなか直せなくて……」

⑦原因を自分以外のせいにする社長

　　　　「うちの商品が売れないのは，田舎に会社があるからなんだよ」

⑦自分の長所に自信をもてない社長

　　　　「社員がみんな一生懸命つくっているけど，よい商品かはわからないのよねぇ」

❶3つの会社と，それぞれの社長の言葉を紹介します。みなさんは，どの会社の商品を買いたいと思いますか。

　⑦～⑦のどの社長の言葉にも自分の会社に否定的なイメージがあるため，子どもたちは悩み，なかなか手が挙がらない。ここでは，その悩む理由をきちんと言葉で表現させてから❷に進む。

・初めから壊れやすいとわかっている商品は買いたくない。
・売れる商品にするための努力をしていないのに，買いたいとは思えない。

・まずは，社長が「よい商品です！」と言ってくれないとお金を払いたくない。

❷3人の社長は，自分の会社のことをどう思っているのでしょう。

　次のような意見が出された。
・あまり好きではなさそう。
・よくないところを直さないで諦めてしまっている。
・自分以外のせいにして，自分は関係ないと思っている。

　ここでは，社長が自分の会社に肯定的な思いを抱いていないと，お客（周囲）の信頼を損ねてしまうということを感じ取らせたい。

❸では，みんなは自分のことが〈好き〉ですか。それとも〈好きではない〉ですか。

　〈好き〉　28人　　〈好きではない〉　8人
　自信をもって〈好き〉だと挙手する子どももいれば，自信なさそうに〈好きではない〉と手を挙げる子どももいた。
　自分を〈好きではない〉人は，3人の社長と同じになる。自分を〈好き〉な人は，自分のよさを理解し，自らの価値をより高められる可能性をもっている。クラスの子どもたちに合う形で118ページの教材を読み，〈好き〉になることが今後の生活を充実させられるのだと感じさせた上でワークシートを配付する。
　ワークシートに自分の名前，その後ろに「株式会社」という言葉を書く。そして，その下に自分の誕生日，さらに「創業」と書く。
　※ワークシートの使い方を参照。

❹世界に一つしかない「あなた」という会社には，どんなよさがありますか。

・いつも字を丁寧に書いている。
・スポーツが得意。　・年下にやさしい。
　子どもたちは，少し恥ずかしがりながらも自分のよさを書いていた。「思いつかないなぁ」と，つぶやく子には教師が感じるその子のよさをたくさん伝えた。その後，友だちに自分のよさを書いてもらったところ，どの子もうれしそうに受け取っていた。

❺次に，あなたの会社の直したいところを書きましょう。

　・怒りっぽい。　　　・整理整頓が下手。
　・大変なことを後回しにする。
　半分ぐらいの子たちは，自分のよさよりも直したいところを書く方が速かった。

❻さて，今度は一人一人が会社の相談役になって，友だちの会社の直したいところを，よい方向に向かわせるためのアドバイスを書きましょう。

　〈相談役〉の意味を，子どもたちが理解できる形で説明した。その上で，友だちの人格を傷つけるような意見ではなく，相手の立場に立ったアドバイスを書くように伝えた。
　〈整理整頓が苦手〉
　・一気に片付けると大変だから，使ったときに元通りに片付けておくと楽になるよ。
　〈大変なことを後回しにする〉
　・やり始めると夢中になって進められることもあるから，試しにやってみるといいよ。
　どの子も，これまでのなかで最も悩み，真剣に取り組む様子が見られた。

これで盤石！

　アドバイスを考えることが難しい場合は，教師が例を提示してみんなで意見を出し合っていく。たとえば，「失敗するのがこわくて挑戦できない」という例を挙げ，どうすればよいかを考える。「成功したときのことを考えるといいよ」「失敗しても死ぬほど大変なことではないよ」など，子どもたちが挙げるアドバイスがよいお手本となる。

　ワークシートを書く活動が終わったら，一人一人が自分の会社のよさや，直したいところに対するアドバイスを読む時間をつくる。活動前よりも自己肯定感が高まった状態で❼に進みたい。

❼最後に，自分の会社のことを知ってもらうための文（自己PR文）を書きましょう。

　・ぼくのよさは，じっくり考えてから行動するところです。考えすぎて大変なことを後回しにすることもあったけど，これからはどんどん挑戦しようと思っています。
　この文は，1年間の自分のよさをまとめるものであり，これから出会う友だちに自分のことを知ってもらう（好きになってもらう）ものになる。じっくり考えて書かせたい。

●ワークシートの使い方

```
道徳プリント　○月○日

　　○○○○株式会社
　20○○年○月○日創業

┌─────────────────┐
│                         │
│   (3)自己PR文を書く欄    │
│                         │
└─────────────────┘

☆1 ┐
    │
☆3 ├ (2)自分の直したいところを書く欄
    │
☆2 ┘

◎3 ┐
    │
◎2 ├ (1)自分のよさを書く欄
    │
◎1 ┘
```

(1)自分のよさを書く欄

◎1…自分が思うよさ。
◎2・◎3…友だちに書いてもらうよさ。

　下から順番に使う。よさを書いた後に点線のところで山折りし，友だちの意見に影響されずに書けるようにする。◎3を書いてもらった後に，折ったところを自分で戻す。

(2)自分の直したいところを書く欄

☆1…自分の直したいところ。
☆2・☆3…友だちからのアドバイス。

　まずは，一番上の☆1に自分の直したいところを書く。それに対して，2人の友だちがアドバイスを書く。「自分のよさ」と同様に，下から順番に使って山折りする。

(3)自己PR文を書く欄

　自分のよさ・直したいところへのアドバイスが書かれた欄を読み，自分のことをより前向きに捉えられるようにした上で書く。

●**教材** 「自分のことを好きになるために」

（『日本一心を揺るがす新聞の社説３』p.26〜28, 一部抜粋）（水谷もりひと：著／ごま書房新社）

（前略） 若い子だけではない。子育て中の母親も、働き盛りのビジネスマンも、学校の先生も、講演会で「自分のことが好きですか？」と投げ掛けると、手を挙げる人は１割くらいしかいないのが常である。

ところで、世の中にこんな社長さんがいたとしたら、どうだろう。自社の商品を胸を張ってお客に薦められない。自社の商品に欠陥があると分かっているのに改善しようとしない。そして、その商品が売れないのを「不況だから」「ここは田舎だから」と周りのせいにしている。

おそらくその会社の景気が良くなることはないだろうし、その会社で働く人たちの幸福度はかなり低いだろう。

先日聴いた経営コンサルタントの桑原正守さんの話は非常に興味深かった。桑原さんは参加者にこう言った。「紙に自分の名前を横書きで書いてください。そしてその名前の後ろに『株式会社』と書いてください。そしてその下に生年月日を書いて、最後に『創業』と書いてください」。

その紙には世界にたった一つしかない「あなた」という社名が書かれている。創業は「あなた」が生まれた日だ。その会社の社長は「あなた」であり、その会社が売り出す商品はあなたの時間、あなたの感性、あなたの経験、言ってみれば「あなた自身」。その会社が伸びるかどうかは社長である「あなた」次第。その会社の商品が売れるかどうかは「あなた」がその商品価値を如何に高めるかにかかっている。

そう説明した後、桑原さんは言う。

「車は古くなったら買い替えができます。家も建て替えができます。でも、どんなに自分が嫌いだからといっても誰かの人生に乗り換えることなんてできないんですよ」

「あなたは、一生あなたとしてしか生きられないんです。一生付き合っていく自分の悪口をまだ言ってるんですか？一生付き合っていく自分を嫌いなままでいいんですか。一生付き合っていく自分をどうして磨かないんですか」

ここまで言われると、自分を好きになってみようかという気になる。（後略）

所見文例

◆ **この授業で この言葉を** ◆

　「自分」をテーマにした学習では，友だちと一緒によさや直したいところについて考え，自らをよりよい方向に伸ばそうとする思いをもつことができました。（自己を見つめる）

（神奈川県　佐藤浩太郎）

3.あいさつをしない人は……

<関連する主な内容項目>　B　礼儀

　激動のコロナ禍のなか，人との距離感をうまくつかめずに，戸惑いながら生活する子どもたちの姿を見ると，心苦しくなります。こんな時期だからこそ，心のつながりを築く，コミュニケーションの始まりであるあいさつが重要になってくると考えます。

　しかし，あいさつは，低学年のころはみんな元気よくできていたのに，学年が上がるにつれて，声が小さくなったり，できなくなったりしてしまい，残念に思うことがあります。そこで，あいさつをする理由や価値を子ども自身のなかに意味づけさせることができれば，自分も，相手も，周りの人たちも気持ちがよくなる関係づくりができるようになると考えて，この授業を行いました。

教材 ・特になし

これぞ
エース級の実力!

■「あいさつは人のためならず　巡り巡って己がため」

　あいさつをした方がよいことは，ほとんどの子は小さいころから言われているはずです。そこに具体的な視点を与えることで，あいさつは相手のためだけではなく，自分のためにすることも意識させます。相手だけではなく，自分も気分がよくなるからするということがスタートになれば，あいさつを聞いている人たちにも伝わることを意識できるようになります。

■ 即行動　＋　即評価　＝　定着のチャンス

　道徳には，子どもが授業後に即実践できるものがいくつかあります。そんな授業をした日は，子どもが学習した内容項目を意識した行動を見逃さないようにします。子どもは，授業であいさつをしたいという気持ちは高まっていますが，行動前，行動中，行動後はドキドキです。そこに，担任が，その子どもに合った評価をすぐにします。子どものタイプによって，その場でほめたり，全体の場で紹介したり方法はさまざまです。道徳の授業後即評価は，学級担任にしかできない大チャンスです。子どもにやってよかったなと思わせることができれば，本当の意味で「道徳的諸価値の理解」が定着していきます。

指導目標

　あいさつはなぜ必要であるかを考え，心の距離を縮めて良好な人間関係を築くための基本であることを実感することで，より進んであいさつをしていこうとする態度を育てる。（道徳的態度）

準備するもの

・特になし

授業の実際

　授業の最初のあいさつの仕方は，クラスによってさまざまあるが，授業者のクラスでは，日直の合図で全員起立して，始業のあいさつを行っている。

　　日直：「起立，今から2時間目の道徳の授業を始めます」

　　全員：「お願いします」

　着席させた後，次の発問をした。

❶今のあいさつに，どんな気持ちを込めましたか。

> **ここが十八番！**
>
> 　本時は，始業のあいさつから導入が始まっている。学校生活に慣れてきて，あいさつも形式的になってきていることに気づかせたい。つまり，この授業は，子どもたちのあいさつに気持ちが込もっていないと担任が感じてきた時期に行うことで，より効果が期待できる。

　次の発表があった。
・特に気持ちを込めてはいなかった。
・何となくしてしまった。
・先生に対して，授業をお願いしますという気持ち。
・今から授業をがんばりますという気持ち。
・休み時間から授業に切り替えるように自分に言い聞かせる気持ち。

　発言が出尽くしたところで，あいさつの意味について考えさせた。

❷あいさつは何のためにするのでしょう。

・相手に気持ちを伝えるため。
・あいさつは，してもされても自分の気持ちがよくなるからする。
・周りの人も気持ちよくさせるため。
・あいさつはした方がいいと先生や親から言われるから。

　子どもたちの発表を聞いた後，

「今まで，先生やおうちの方などから，あいさつをしなさいと言われたことがある人?」と聞くと，全員が挙手をした。

❸なぜ，大人はあいさつをしなさいと言うのでしょうか。

　子どもたちからは，
・あいさつをすると気持ちがいいから。
・礼儀正しい子になってほしいから。
・あいさつができる人は将来有利だから。
という意見が出された。

　発言が出終わった後，

「あいさつをしなさいと言ってくれる大人は，その人自身（自分）に対してできるようになってほしいのでしょうか。それとも，他の人に対してできるようになってほしいのでしょうか」

と尋ねた。すると，全員が「他の人にできるようになってほしい」の意見の方に挙手をした。

　子どもはあいさつをした方がよいことはすでに知っている。あいさつをするという行為を多角的に考えてみることで，「あいさつをした方がいいな……」という気持ちを高めていきたい。

　子どもの考えを確認した後，黒板に

> あいさつをしない人は　　　　　。

と大きく書いて，次の発問をした。

❹「あいさつをしない人は」の後には，どんな言葉が入ると思いますか。

ここはテンポよく指名して発表させた。

・人から嫌われる。

・信用されない。

・友達がいなくなる。

・だめになる。

・イメージが悪くなる。

出された意見は，すべて板書する。あいさつをしないと，こんなにデメリットがあるとみんなが考えているということに気づかせる。

その後，コロナ禍のなかでのあいさつのよさを実感できるように，次の発問をした。

❺コロナ禍で，「ソーシャルディスタンス」という言葉を聞くようになりました。どんな意味でしょうか。

・人との距離。

・人に近づかないこと。

・人にさわらないこと。

外国語の学習で知った，「社会科がソーシャルスタディ」というヒントを出すと，「社会と離れる？」というつぶやきが出た。直訳すると，「社会的距離」である。

❻「社会的距離」という言葉は，どんなイメージですか。

・すごく遠い。

・友達との距離じゃなさそう。

・心まで離れていそう。

子どもは，「ソーシャルディスタンス」という言葉に，ネガティブなイメージをもったようである。そこで，WHO（世界保健機関）が発表した，「フィジカルディスタンス（物理的距離）」という言葉を紹介した。

「『社会的距離』は忘れてください。WHOは，社会的つながりがかつてないほど重要になっていることから，それ（社会的距離）を『物理的な距離』と呼ぶほうを選びます」

❼この言葉をどう思いますか。

・やっぱり心まで離れちゃいけない。

・体同士の距離は大切だけど，気持ちは近づきたい。

・自分はこの気持ちで友達と接したい。

続けて次の発問をした。

❽体の距離を近づけなくても，心の距離を近づけるために必要なのは何だと思いますか。

・あいさつ

・人と会ったら，まずあいさつをすれば，体は近づかなくても心の距離が縮まると思う。

最後に授業でわかったことを発表させた。授業を聞いていなくても答えられるまとめにしないために，「授業でわかったこと」と聞くとよい。

❾今日の授業で，わかったことを書きましょう。

書き終えた子どもから，起立をさせ，発表させた。

・あいさつを形だけするのではなく，相手に気持ちを伝えられるように気をつけたい。

・距離をとってもあいさつをすれば，心は近づける。

発表が終わったら，日直に指示をして，終業のあいさつをする。このあいさつが，本時のまとめの代わりになる。

あいさつの後，

「今日の授業で学んだことを意識してあいさつができましたか」

と聞いた。

これで盤石！

「今日学んだことを心掛けてあいさつをしてみましょう」と先に言わずに，行動の後で確認した。子どもの「学びを生かしたい」という気持ちを信用した方が，お互い気持ちがよいからである。ほとんどの子どもが意識できたと言った。

道徳の授業後には，実践できる場を意図的につくり，一つの行動に対して，一つの評価をしていくように心掛ける。この授業だけでなく，定期的に「今のあいさつは，先生に気持ちが伝わってきました」と一声掛けるだけで，子どもの実践意欲を高めて，継続していくことができるようになる。

●参考　「ソーシャルディスタンス」から「フィジカルディスタンス」へ

> Forget 'social distancing.'
> The WHO prefers we call it 'physical distancing' because social connections are more important than ever.
>
> WHO

> 「社会的距離」は忘れてください。
> 　WHOは，社会的つながりがかつてないほど重要になっていることから，それ（社会的距離）を「物理的な距離」と呼ぶほうを選びます。
>
> WHO（世界保健機構）

●授業後の子どもの変容

> ・朝，教室に入ってきたときに，「おはようございます」と担任の目を見てあいさつをするようになった。
> ・朝，仲のよい友達だけでなく，顔を合わせた子にも「おはよう」とあいさつをしている姿が見られるようになった。
> ・移動教室で，担任以外の先生とすれ違ったときに，会釈をするようになった。1人が始めると，それを見て周りの子どもも続けてするようになった。
> ・始業や終業のあいさつは，大きな声を出すのではなく，姿勢で示すことを意識しているとわかる礼をするようになった。
> ・下校時，「さようなら」とあいさつをして教室を出ていくようになった。

所見
文例

◆ この授業で この言葉を ◆

> 　あいさつの意義について考えた学習では，あいさつは相手のためにも自分のためにも必要なものであることを理解し，あいさつを大切にしていきたいという気持ちを高めることができました。（多面的・多角的な見方）

（愛知県　栁田一帆）

4.ラグビーWC 勝利を支えたみんなの心
～"ONE TEAM", "One for all, All for one." の精神は, コロナ禍でこそ～

<関連する主な内容項目>　　D　感動, 畏敬の念

　ラグビー・ワールドカップ（以下，WC）史上最多失点の試合，1995年の日本対ニュージーランド戦。日本は17-145で破れ，2011年までは1勝2分21敗でした。

　けれども，2015年イングランド大会予選で当時世界ランク3位の南アフリカに勝利します。予想外の勝利に，「史上最大の番狂わせ」という見出しまでつけたニュースもありました。そして4年後，日本中が感動し，熱狂に包まれたラグビーWC日本大会。日本は南ア戦の勝利が実力だったことを証明します。

　そのわずか1年後，世界中がコロナ禍で苦しんでいます。それを乗り越えるヒントをラグビーWC日本大会から学びたい，そんな願いから生まれた授業です。

教材 ・「ラグビーWC　勝利を支えたみんなの心」
　　　（授業者が作成）

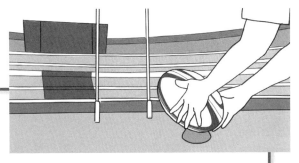

これぞ
エース級の実力!

■ 勝利を支えた "多くの必然（秘話）" に 子どもたちの瞳が輝く!!

　流行語となった「ONE TEAM」「できないをできるに変える, JAPAN WAY（日本流）」「ユニフォームに込められた願い」「今を変えなければ，未来は変わらない」「国歌を懸命に歌う外国出身の選手」「試合を支えた多くの人々」など，日本代表の快進撃は決して偶然ではなく必然です。数々の秘話に子どもたちの瞳が輝きます。

■ 「学び」が「日常に生きる」授業に

　勝利の鍵は選手たちの努力だけではありません。それを支えたスタッフ，日本中のファンの力も決して小さくなかったはずです。また日本チームの半分は外国出身の選手，日本だけでなく世界の国々が協力しなければならないのはコロナ禍の現在と同じ。ラグビー日本代表の勝利のなかにある事実は，目の前にあるコロナ禍を乗り越える力になるはずです。学びが日常につながることを実感できる授業にしましょう。

指導目標

　ラグビーWC日本代表の物語を通して，個性や日本らしさ，協力，努力の大切さなど，人間の素晴らしさに感動し，自らに生かそうとする意欲を高める。（道徳的実践意欲）

準備するもの

・教材1「ラグビーWC　勝利を支えたみんなの心」（p.126掲載）（配付用）
・WC2019代表，さざれ石の写真（提示用）
　※インターネットで入手可能
・ラグビーのポジションやルール
・教材2「道徳素材集『あなたたちへのパス』」より「敗者のいないノーサイド」（日本ラグビーフットボール協会）
　※同協会のホームページより入手可能

授業の実際

❶ラグビー日本代表は，強い，弱いのどちらでしょう。

　〈強い〉28人　　　　〈弱い〉0人
　子どもたちの知的好奇心を喚起するために，ここで以下の事実を知らせる。

・世界ランク10位の強国（2020年12月時点）
・ただし，2011年まではWC１勝２分け21敗
・24年間ずっと勝利なし（最高で引き分け）
・WC史上最多失点の128点差での敗戦記録がある。（ニュージーランド145－17日本）

　「うそ」「知らなかった」という声。ほとんどの子どもたちが知らなかった。
　続けて，次の事実を知らせる。

・2009年から15位以内に入るようになり，特に2015年イングランド大会の

予選で，３位になった南アフリカを倒し，世界中から「スポーツ史上最大の番狂わせ」「奇跡」と言われたこと。
・「奇跡」と言われたが，2019年大会で日本の実力は本物だということを証明したこと。

　「すごい」「でも何で強くなったの？」の声を受け，教材1を配付した。チーム編成やルール，ポジション図，キッキングゲームの戦術などを簡単に説明し，読み聞かせた。

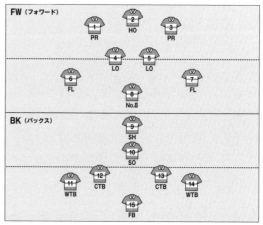

ポジション図

　また，さざれ石は写真で示し，文様をいくつかイラストで提示した。

紗綾型	青海波	七宝	矢絣
（繁栄）	（未来永劫の幸せ）	（円満・調和・ご縁）	（魔除け）

❷なぜ日本は強くなったのでしょう。

　次の発言があった。
＜ヘッドコーチ（以下，HC）の力＞
・全力で人生最大のチャレンジをしたから。
・短所を考えるネガティブな考えから長所を見直すポジティブな考えに変えたから。
・たくさんの工夫をしたから。
・日本や選手の個性を生かしたから。
・「JAPAN WAY」のパズルを配ったから。
・多様な選手の個性や心を一つにしたから。
・選手一人一人に考えさせたから。
・リーダー，選手の積極性を引き出したから。

＜選手の力＞
・「地獄」のような厳しい練習に耐えたから。
・体が小さくても，年をとっていても負けない強い心があったから。
・かげでささえた選手やスタッフがいたから。
・リーチ選手が「君が代」を教えたから。
・選手みんなが協力して心を一つにしたから。
・一人一人が考え，個性を生かしたから。
・「さざれ石」のように団結したから。
・日本という国に誇りをもっていたから。
・日本という国のよさがあったから。

＜その他＞
・リーチ選手に監督や仲間が優しくしたから。
・日本全国でみんなが応援したから。
・ユニフォーム（作り手の願い）のおかげ。
・日本でWCが開かれたから。

子どもたちの発表を聞いた後，
「WCで勝てないのは，体が小さいから，農耕民族だからと考え諦めかけていた，心も弱かった。日本代表は，チームや多くの人々の団結，努力で，心や体，賢さを鍛え，強いチームに変わったのですね」
と話し，❷で出された意見の左右に『弱い日本代表』『強い日本代表』と板書し矢印でつないだ。

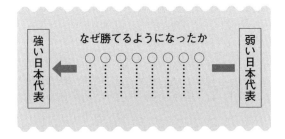

さらに，カードに書いた次の2つの有名なラグビーの言葉を黒板にはった。

> ⑦One for all, All for one.
> ⑦No Side.

❸どんな意味の言葉か知っていますか。

両方とも，約半数が知っていた。
ただ⑦の後半の意味は「みんなは一人のために」と誤解している子もいたので，ラグビーでは，「一人はみんなのために，みんなは一つの目的（トライ）のために」の意味で使われることを補足した。

また⑦の意味「試合後は，敵味方なく互いの健闘を称える」を確認し，教材2を読み聞かせた。

❹忍者と言われた選手を紹介します。

「え〜マジ」「うそ」「知っている」と大喜びの子どもたちに五郎丸歩選手の写真を提示し，五郎丸選手が大切にしている言葉として，カーワン前HCの「今を変えなければ，未来は変わらない」という言葉をそのエピソードと共に紹介した。

❺日本代表がWCで勝利したように，コロナに勝つために，一人一人ができることはないでしょうか。

次の意見が出された。
・一人一人ができることをして全力を尽くす。
・ポジティブな考え方をする。
・がんばっている人を応援し，支える。
・みんなが心を合わせる。
・"One for all, All for one."の合言葉で協力する（みんなが力を合わせ，"ONE TEAM"になる）。

❻今日の感想を書きましょう。

❺の子どもたちの意見を称賛，ラグビーWCの写真をスライドショーにして見せた。
最後に，感想を書かせて授業を終えた。
・ぼくの心に残ったことは選手やスタッフのみなさんが諦めずに練習したことや練習を工夫し，短所を長所に変えたことです。（中略）ワンチームもいい言葉だと思いました。今まで，ぼくは，どうせダメなんだからとやる前から諦めていたけど，これからは日本代表のように諦めずにがんばりたいと思います。みんなと力を合わせてコロナに負けないようにしたいと思います。

● **教材1**　「ラグビーWC　勝利を支えたみんなの心」（授業者が作成）

　なぜ日本が勝てるようになったのか。理由は1つではありません。

　まず，歴代ヘッドコーチ（以下，HC）や選手，関係者の努力や工夫があります。2007年，ニュージーランドのジョン・カーワンHCの頃から日本は徐々に強くなっていきました。さらに，2012年，オーストラリア人のエディー・ジョーンズHCは，代表のために全力を尽くしました。まず変えたのは，「体が小さいから，農耕民族だから……」という，勝てない理由ばかりあげる当時のネガティブな考え方。「体が小さくても正しい食事や練習をすれば強く，速く，賢くなれる」「日本人はチームワークがいい」と教えました。"～だからできない"を"～すればできる"という，短所ではなく長所を見直すポジティブな考え方に変えたのです。年間120日の早朝から夜まで続く厳しい合宿など，大変な厳しさでした。ドローンを使って選手の動きを撮影，レスリングの低いタックルを教わるなど，たくさんの工夫をしました。桜に「JAPAN WAY」（日本流）という字を描いたパズルを選手やスタッフに配り，日本だけの攻撃ラグビーを世界に見せようと呼びかけました。

　2016年から引き継いだジェイミー・ジョゼフHCはフォワードの攻撃力とバックスの俊敏な展開を合わせた「キッキングゲーム」に力を入れることを宣言，場面に応じて一人一人が「考えるラグビー」の大切さも求めました。また前回より厳しい年間240日間の合宿も行いました。韓国出身，トンガ出身の選手など，日本代表は半分が外国人選手です。流行語になった「ONE TEAM」は，生まれた国も育った文化もちがう，多様な個性をもった選手たちの心を一つにするための合言葉でした。また，ジョゼフHCは，1人のリーダーだけに頼らず全員が考え，積極的に活躍できるように10人のリーダーも指名しました。

　選手も努力しました。「地獄」の練習にも耐え，決死の覚悟で外国の大きな選手に向かう小さな選手，若い選手の先頭に立ちがんばる最年長選手もいました。小柄なフォワードは強いスクラムを工夫するなど，一人一人が考えました。

　日本代表は外国人選手も大きな声で「君が代」を歌います。ニュージーランド出身のキャプテン・リーチマイケル選手は，日本留学の高校時代，実家が火事で焼けてしまいました。そのとき寄付してくれた仲間や監督，優しい日本人に恩を返したいと日本代表となりました。リーチ選手は外国人選手に「君が代」の歌詞を教えるだけでなく，「さざれ石」の実物も見せに行きました。小さな石が固まって大きな岩になるさざれ石は，小さな日本代表選手が協力し，団結することと似ているからです。外国人選手も日本に誇りをもって歌います。

　試合に出る機会がなくても，スタッフや応援などでチームを陰で支えた選手もいました。

　また，代表ユニフォームにも，正義・勇気・思いやりなど7つの武士道の精神と世界に立ち向かう誇り，勝利への願いが込められています。富士山のご来光を表現したゴールドライン，力や縁起のよさを意味する文様も生地に描かれ，日本らしさが表現されました。

所見文例　◆ この授業で この言葉を ◆

　「ラグビーWC　勝利を支えたみんなの心」の学習では，困難を乗り越えて輝いた日本代表の姿から学び，みんなと力を合わせて努力しコロナ禍を乗り越えたいという思いをもちました。（自己を見つめる力）

（新潟県　渡邉泰治）

5.100日後に死ぬワニ

<関連する主な内容項目>　D　生命の尊さ

　100日後，あなたは何をしていますか？　そんなに遠くない未来。よほど大きな出来事を計画していない限り，きっと何気ない日常を思い描くことでしょう。新型コロナウイルスの感染拡大により，学校はもちろん社会が様変わりをした「今」を100日前，1年前，だれが予想していたでしょうか。これからの100日後だって何が起こっているかわかりません。でも，それは未来を恐れることではありません。
　幸せな未来のために，何気ない毎日を大切に生きようと考えさせる授業です。

教材　・『**100日後に死ぬワニ**』きくちゆうき：著（小学館）

■ 結末を知っているからこそ気づく

　タイトルから，子どもたちはワニ君が100日後に死ぬこ
とを知ります。一方，漫画に出てくるワニ君は，自分が死
ぬことを知りません。ワニ君の1日には100日後を対比させるような場面が出てきます。その場面に対して，「ワニ君に声をかけてあげるとしたら」と問いかけることで，生命の尊さや一日一日を大切に生きることに気づいていきます。
　「死」という概念は，低学年には難解です。しかし，ワニ君という漫画の主人公を題材とすることで，低学年でも抵抗なく考えることができます。

■ これからを生きる未来を見すえた時期に，どの学年でも

　最終話（100日目）が，ちょうど桜の花見の時期です。授業をする時期を，毎日の授業を充実させるために新年度や学期の最初にしたり，次の年度を見すえた桜の季節の3月にしたりすると効果的です。ネット上で話題になったことからも，高学年や大人でも引きつけられる内容です。授業記録は低学年ですが，全学年での実施が可能です。修了式や卒業式から逆算して「100日後は，何月何日だと思う？」と，残りの学年生活を大切に過ごす態度を育ててもよいでしょう。

指導目標

　生きているからこそ日々の日常があることに気づき，生命を大切にしようとする心情を育てる。（道徳的心情）

準備するもの

・教材『100日後に死ぬワニ』
・必要な日にちのページの拡大コピー（提示用）

授業の実際

　黒板に【100日ごに】と書く。
「100日後に何があるのかな」
と興味をもたせながら，『100日後に死ぬワニ』の本を見せる。
　すでに「知ってる！」「読んだことがある！」という子がいたので，その子どもには発言を最後にしてもらうようにした。

❶この題名を見て，どんなお話だと思いますか？

・ワニが主人公の話。
・100日後にワニが死んでしまう話。

　子どもたちの自由な発言を受け止め，続けて次のように聞いた。

❷主人公はワニです。ワニ君は100日後に自分が死ぬことを知っているのでしょうか？

・知らないよ。
・知っていたら，ワニ君がかわいそう。
・ワニ君の絵が笑っているから知らないと思う。

　一通り意見を出させた後，本の内容を知っていると言っていた子どもに内容を話させた。

・ワニが出てくるお話でね，4コマ漫画になっているの。
・スマホでお母さんが見ていた。ワニ君のお話を1日ずつ見ていた。

「最後はね，……」
と結末を言いそうな子どもがいたので，

「最後は，みんなのために秘密にしておいてね」
と，結末を話さないように伝えた。
　「この本には全部で100日のお話があります。その中からいくつかのお話を紹介しますね。4コマ漫画になっています」
と言って，パソコンに取り込んだ漫画を電子黒板に映して見せた。
　まずは，1日目の場面を提示した。

❸ワニ君に声をかけてあげてください。みなさんなら，どんな声をかけてあげますか？

　　ここが十八番！

　主人公に「どんな声をかけてあげますか？」という発問は「自分だったら」という自分事として考えるきっかけになる。「正答」があるわけではないので，自分の思いを発表しやすくなる。

　授業では，この後も，パソコンを使用して必要な場面を提示した。教室環境によって，拡大コピーを提示したり，書画カメラ（実物投影機）を使ったりして見せるとよい。

【1日目】
　ワニ君が，テレビを見て大声で笑っている場面である。子どもたちからは，次のような発言があった。

・笑っている場合じゃないよ！
・100日後，死んじゃうんだよ。
・テレビ見ていていいの？

　同じように，次の場面を見せ，子どもたちに「どんな声をかけてあげようかな？」と問いかけた。

　場面の概略と主な子どもの発言は，以下の通りである。

死まであと99日

【2日目】

　テレビの通販で見た雲のようなふかふか布団がほしくて電話。

　すると人気のため1年後の到着予定。それでも購入したワニ君。

　・1年後はおそすぎるよ。

　・もう死んでるよ！

【3日目】

　車にひかれそうなヒヨコを助けたワニ君。ヒヨコに気をつけるように教えてあげる。

　・ワニ君も気をつけなくちゃ。

　・自分だって！

【5日目】

　ワニ君は交通事故にあったねずみ君のお見舞い。簡単に死なないよとねずみ君が言う。

　・簡単に死んじゃうよ！

　・それが死んじゃうんだよ。

【21日目】

　正月，おみくじで大吉を引いたワニ君。

　・ワニ君，大吉じゃないよ！

　・これで喜んでいたらダメだよ！

【28日目】

　テレビゲームで「死ね」と叫ぶワニ君。

　・「死ね」なんて言っちゃダメ！

　・冗談でも言っちゃダメだよ。

【41日目】

　空き缶が落ちていて拾うワニ君。

・ワニ君えらい！

・ありがとう！

【54日目】

　こたつに入ってテレビを見続けるワニ君。

　・何かしようよ！

　・1日がもったいないよ。

【88日目】

　ゲーム機を先輩からもらったワニ君。うらやましがるねずみ君に死んだらあげると話す。

　・「死んだら」なんていっちゃだめ！

　・死んじゃうかもしれないんだって！

【99日目】

　テレビから，週末には桜が満開というニュースが流れる。お花見日和と聞いてにっこりするワニ君。

　・明日，お花見いくの？

　・お花見できたらいいけど，できるの？

「ここまで見てきたけれど，明日で死んじゃうんだよね。でも，最後の日はとっておこうと思います。気になる人は，教室に本を置いておくので後から見てね」

と話し，次の発問をした。

❹何日目（どんな場面）が心に残りましたか。

　理由も一緒に発表させた。

　・2日目です。100日後に死んじゃうのに1年後の楽しみがあるっていうのがなんだか悲しくなった。

　・99日目。前の日までが，すごく幸せそう。

これで盤石！

　「心に残った場面」を問うことで，授業で学んだ印象をグッと焦点化させる。心に残った場面は一人一人違う。それを自分の言葉で表すことで，指導目標に向かいやすくなる。

❺今日の勉強で思ったことや考えたことを書きましょう。

　「ワニ君に対すること」と「自分自身に関すること」の2通りの感想があった。

　・ワニ君が死んでしまうならかわいそう。

　・ワニ君は99日目まで，普通に幸せに生きていたから，最後に死んでしまうのが悲しい。

　・死なないで，毎日，生きていきたい。

　・毎日を大切にしたいです。

　・死んでしまったら何もできない。

　最後に，

「このお話をもとにした歌があります」

と言って，いきものがかりの楽曲「生きる」を紹介した。この漫画の画像も一緒になった動画（YouTube）を視聴して，余韻を残して授業を終えた。

●板書例

『100日後に死ぬワニ』

ワニくんは、じぶんがしぬことをしらない。

ワニくんに、こえをかけてあげよう。

1日め　…わらっているばあいじゃないよ！

2日め　…一年ごはおそすぎるよ。

3日め　…ワニくんもきをつけなくちゃ。

5日め　…かんたんにしんじゃうよ！

21日め　…ワニくん、だいきちじゃないよ！

28日め　…「しね」なんていっちゃダメ！

41日め　…ワニくんえらい！

54日め　…なにかしようよ！

88日め　…「しんだら」なんていっちゃだめ！

99日め　…あす、おはなみいくの？

なん日めがこころにのこりましたか。

それはどうしてですか。

　　4コマ漫画の場面と最後の動画は，パソコンを使用して，電子黒板に掲示して授業を行った。ただし，漫画を開いて読み聞かせをしたり，電子黒板や書画カメラなどで授業を進めたりすると，何日目がどんな話だったのか忘れてしまうので，板書に子どもたちの発言を残しておくとよい。

　　『100日後に死ぬワニ』は2019年12月12日からTwitterで1話ごとに公開され，その後インターネット上で話題になった。2020年3月20日の最終話はTwitterのトレンドで世界1位となりその後書籍化されたり，いきものがかりとの歌のコラボが生まれたりした。インターネット検索サイトもしくはYouTubeで「100日後に死ぬワニ×いきものがかり」で検索すると5分40秒の漫画とのコラボ動画が見つかる。

| 所見文例 | ◆ この授業で この言葉を ◆ |

　　『100日後に死ぬワニ』の学習では，100日後に死ぬワニ君の日常の出来事を自分の生活に結びつけて考え，毎日を大切に生きていこうとする思いを進んで発言することができました。（自己を見つめる）

（島根県　広山隆行）

実践 withコロナ

つらいことが
あっても，がん
ばってきたよ。
だから，きっと
大丈夫！

1. 来年の流行語大賞は？
2. 世界に一つだけ　株式会社「自分」
3. あいさつをしない人は……
4. ラグビーWC　勝利を支えたみんなの心
5. 100日後に死ぬワニ

　しばらくは続くであろう「withコロナ」の生活だからこそ，多くの人がつながり合うことが大切です。自分自身を大事にして，相手への心づかいを忘れずに，そして，希望をもって歩んでいくための道しるべとなる授業実践を5本収めました。

1. 来年の流行語大賞は？

　2020年の「新語・流行語トップ10」には，コロナ禍と関係の深い言葉がずらりと並んだ。1年前には，想像もつかなかった事態である。

　ならば，1年後，今の生活とはがらりと変わる可能性が十分にあるはずだ。もちろん，＜よい方向＞にである。その願いを，来年（2021年）の流行語大賞に託してみる。

　子どもから出された「NOマスク」という言葉に，思わず胸が熱くなった。

　「国や郷土を愛する心」を育む道徳授業のニューバージョンである。

2. 世界に一つだけ　株式会社「自分」

　自分の特徴に気づき，長所を伸ばそうとするのは，自己肯定感を高めるために，大切なことである。けれども，なかなか自分のよさには気づきにくい。それには，自分を外側の目から客観視しなければならない。

　そこで，自分を世界に一つしかない会社に見立ててみる。すると，その会社（自分自身）の特徴に気づき，短所も含めて，特徴を多面的に捉えることができる。友達が「相談役」になるという発想も愉快だ。一生をかけて，満足のいく会社経営（人生）を進めてほしい。

3. あいさつをしない人は……

　他者との良好な関係づくりは，まず，あいさつから始まる。あいさつは，礼儀の基本である。社会を生きていく上で，当たり前のこととしてできるようにしておかなければならないのが，あいさつである。

　しかし，コロナ禍においては，あいさつをするのは，「当たり前」だけではなくなってくる。マスクを着用していると表情がわかりにくい。声に出さなければ思いは伝わらない。あいさつができない人は，心にまで「ディスタンス」をつくってしまうことになる。しばらくは続くであろう「withコロナ」の時代に，あいさつがますます大切になる理由を多面的・多角的に考えさせる。子どもたちを，即，実践へと向かわせる授業である。

4. ラグビーWC　勝利を支えたみんなの心

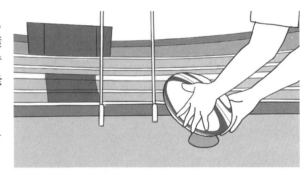

　「1．来年の流行語大賞は？」との関連でいえば，1年前（2019年）の流行語大賞は，「ONE TEAM（ワンチーム）」であった。ご存知，ラグビー日本代表チームの合言葉である。この言葉を過去のものにするのではなく，コロナ禍を生き抜く指針とする発想の転換がいい。

　一人の力は微々たるものである。しかし，みんなの心が一つになれば，どんな困難をも乗り越えられる大きな力が生まれる。今，改めてワンチームの精神に学びたい。

5. 100日後に死ぬワニ

　人間も含め，命あるものは，いつかは必ず終焉を迎える。教材である『100日後に死ぬワニ』は，書名に最初から限りある命（残り100日）が示されている。学習者（読者）である子どもたちはワニの余生を知り，ワニ本人だけがそれを知らない。毎日をのんびり過ごすワニに，子どもたちは何ともしがたいじれったさを感じてしまう。

　このせつないまでのコントラストが，先行きが不透明なコロナ禍において，一日一日を悔いなくすごすことの大切さを教えてくれる。

『100日後に死ぬワニ』きくちゆうき：著（小学館）

（編著者　佐藤幸司）

第Ⅱ部

第4章

実践編

これぞ十八番！
厳選5実践

第Ⅱ部

第4章

実践編

これぞ十八番！
厳選5実践

1.妙なもの

<関連する主な内容項目>　Ａ　真理の探究

　陸上の短距離走のスタートといえば，両手を地面につき，前傾姿勢をとる，クラウチングスタートが，現在では当たり前となっています。しかし，第１回アテネオリンピックでは，それが当たり前ではなかったのです。オリンピックで初めてクラウチングスタートを披露したトーマス・バーク選手の様子を表したポスターをもとに，新しいことに自ら取り組むことの素晴らしさについて考えていく授業です。

教材　・**大日本印刷　ポスター**
　　　　「イノベーションは，このような形で突如現れる。」クラウチングスタート編
　　　・**1896年アテネオリンピック　陸上男子100m走　スタートの写真**
　　　・**2016年リオオリンピック　陸上男子100m走　スタートの写真**

これぞ
エース級の実力！

■ ポスターのキャッチコピーから考える

　教材として使用するポスターには，「その時，観衆は妙なものを目の当たりにしました。なんと一人の選手が，両手を地面についたのです」とあります。この妙なものこそが，クラウチングスタートの姿勢をとっている選手のことです。クラウチングスタートを始めた選手とそれを初めて見た観衆，両側面の思いを考えることで，新しいことに挑戦する，その状況を客観的に捉えていくことができます。

イノベーションは、このような形で突如現れる。

大日本印刷株式会社

DNP

■ 自分が正しいと思うことを貫く強い気持ち

　「○○くんがやっているから」「みんなもそうだから」と，さまざまな状況で私たちは周囲の雰囲気に流される傾向があり，自分が正しいと思うことを貫くのは勇気がいることです。新年度が始まって間もない４月ごろに指導し，いい学級にしていこうと，それぞれが学級のためにできることを行動していこうと呼びかけることができます。新しいことを恐れない，子どもの挑戦する気持ちをかきたてる授業です。

子100m走のスタートの写真を提示する。

❷リオのときの写真と比べて，どんなことに気づきますか。

　子どもたちは，提示された写真にとても注目している。発言できそうな子どもから指名し発表させた。選手の様子ではなく聴衆や周りのスタッフの様子に注目した発言もあったが，それらの意見も認めながら，授業の展開につなげていくために，スタートの姿勢に言及しているものを中心に板書した。

・スタートの姿勢がそろっていない。
・何か持っている人もいるみたいだ。
・なんだかふざけているみたい。
・左から２番目の人はクラウチングスタートをしているんじゃないかな。

　子どもたちがクラウチングスタートに注目しているところで，このときの様子について次のように説明した。

　「このレースの中で唯一，クラウチングスタートをしていたのは，アメリカのトーマス・バーク選手です。見事に金メダルを取りました。そして，これ以降，世界的にクラウチングスタートが使われるようになったのです」

　子どもたちは，この事実に驚いている様子であった。自然と出てきた子どもたちのつぶやきも板書に残しておくとよい。

・トーマス・バーク選手がいなかったら今のスタートも違っていたかもしれない。
・やっぱりクラウチングスタートが速いんだ。
　その後，

　「この写真を活用したポスターがあるので，見てみましょう」

と話し，次の教材ポスターのＡとＢの部分を隠して提示した。

指導目標

　新しいものやよりよいものを探求し，進んで行動していこうとする意欲を高める。（道徳的実践意欲）

準備するもの

・教材 ポスター「イノベーションは，このような形で突如現れる。」（p.138に掲載）（提示用）
・教材 アテネオリンピック　男子100m走スタートの写真（提示用）
・教材 リオオリンピック　男子100m走　スタートの写真（提示用）
　※いずれもインターネットより入手可能

授業の実際

　2016年リオオリンピック男子100m走のスタートの写真を提示する。

❶この写真からわかることは何ですか。

・リオのオリンピックだ。
・男子100mかな。
・真ん中にいるのはウサイン・ボルト選手かな。

　子どもたちの発言を聞きながら，写真をよく見ていることをほめ，キーワードとなる言葉（2016年，陸上，リオオリンピックなど）を板書した。出てきた意見をまとめながら，

　「2016年ブラジルのリオデジャネイロで開催されたオリンピックの陸上男子100m決勝のスタート」であることを確認した。

　次に，

　「もう１枚オリンピックの資料を見せます」と話し，第１回アテネオリンピックの陸上男

が，意味についてはおおよそ理解しているようだった。そこで，どうして「妙なもの」という表現になるのか，その理由を考えさせた。
- ・観衆はクラウチングスタートを初めて見たから。
- ・その姿勢で1位になれるわけがないと思ったから。
- ・まだ，クラウチングスタートが広まっていなかったから。

❹トーマス・バーク選手はこのときどんなことを考えていただろう。

観衆だけでなく，選手本人の気持ちについても考えさせ，数人指名し発表させた。
- ・この方法なら勝てる！
- ・勇気を持って！　　　・少し不安

自信に満ちた思いもあれば，新しいことに取り組む不安な気持ちもきっとあっただろうということをおさえた。

❺Bの部分には，どんな言葉が入ると思いますか。

子どもたちにとっては，少し難しい言葉であるため，数名に答えさせた後，正解をすぐに教えた。

> （イノベーション）は，このような形で
> 突如現れる。

イノベーションとは，新しい切り口や捉え方のことだと説明してポスター下部の文章を音読し，授業の感想を書かせて授業を終えた。

> 今やあたりまえと思われているクラウチングスタートは，第1回オリンピック競技大会（1896／アテネ）で，ある一人の選手が登場させました。彼は，その革新的な走法によって，金メダルを獲得しました。このようにイノベーションは世の中に突如現れ，最初は奇異に見えることがあります。しかし，それが新たな常識へと変わり，世の中のあたりまえになっていくのです。（後略）

❸Aの部分には，ある文が入っています。（　　）の中にはどんな言葉が入ると思いますか。

Aに入っているのは，以下の文である。この文の（　）の部分の言葉を，少し時間をとって考えさせた。

> その時，観衆は（　　　　）なものを
> 目の当たりにしました。
> なんと一人の選手が，
> 両手を地面についたのです。

（　）内の言葉を考えることで，子どもたちは，自然と第1回オリンピックの観衆の気持ちを想像している。まだ発言していない子どもから数人指名して発表させた。
- ・衝撃的　　・不思議な　　・奇妙な

ここが十八番！

> ポスターのコピーを考える活動は，クイズを解く感覚に近く，子どもたちは楽しみながら考えをめぐらせることができる。楽しく学習することで，どの子も参加できる道徳授業へと近づく。

ここには，「妙」という言葉が入る。子どもたちにはあまり馴染みのない言葉ではある

●**教材** 大日本印刷　ポスター
「イノベーションは，このような形で突如現れる。」クラウチングスタート編

◆ **この授業で この言葉を** ◆

所見文例

　「真理の探究」をテーマにした学習では，新しいことは周りから受け入れられないときもあるが，自分がよりよいと思うことは勇気を出して実行していきたいという思いをもちました。（道徳的諸価値の理解）

（千葉県　伊藤　唯）

2.レジ袋有料化から環境問題を考える

<関連する主な内容項目>　D　自然愛護

2020年7月から，レジ袋の有料化が始まりました。レジ袋を使わなければ環境がすべて守られるというわけではありません。けれども，レジ袋有料化は，環境問題を考える一つのきっかけとなるはずです。

　身近な取り組みから，環境問題を考える第一歩を踏み出していってほしいと願う授業です。

教材 ・「チコちゃんに叱られる！ レジ袋は何のために作られたか」NHK 2019年2月22日放送

・「レジ袋とマイバッグのどちらが環境に優しいか」
　　日本LCA学会研究発表会における報告「環境配慮行動支援のためのレジ袋とマイバッグのLCA」より

・レジ袋有料化についてのコラム
　「夕歩道」中日新聞夕刊　2020年7月4日

これぞ
エース級の実力！

■ 子どもの実生活につながる環境問題

　道徳授業には，授業後の行動化まで期待できるものもあります。本時では，授業で学んだことを1週間以内に実践できる場に出合わせることで，意欲の継続と定着をねらいます。ときには，意図的にその機会を設けたり，数日後に実践経過を確認したりします。

　小学校の授業で学ぶ環境問題は，子ども1人の力ではどうにもならないものが多くあります。けれども，身近な出来事や話題を教材化し，すぐに実践できる内容で授業を行うことで，環境問題を考え続けることができるようになるはずです。

■「0か100かの発問」をすることで，余白の部分を見つけやすく

　子どもに本音で語ってほしい場合は，「じゃあ，そうすれば，必ずこうなるのかな？」と問いかけ（問いつめ）ます。これが，「0か100かの発問」です。すると，「先生，そんな単純なことじゃないんですよ」と両極端（0と100との間）にあるさまざまな問題点が浮き彫りになります。そこを掘り下げていくと，子どもが今までの自分の経験をもとにして考え，本音で語ることができる展開へと進んでいくことができます。

　本時では，「レジ袋が有料になれば，環境問題は解決されるか」「レジ袋は，環境に対して悪者なのか」という発問で，子どもの本音を引き出します。

指導目標

環境を壊すのも守るのも人間の心掛け次第であることに気づき，まずは自分にできる範囲で，環境を大切にしていこうとする気持ちを高める。（道徳的実践意欲）

準備するもの

・教材1 レジ袋が環境に影響を与えている写真（p.142に掲載）
　※インターネットより入手可能
・教材2「レジ袋とマイバッグのどちらが環境に優しいか」（p.142に掲載）
・教材3「レジ袋の有料化」についてのコラム（p.142に掲載）

授業の実際

最初に，
「2020年7月から新しくお金がかかるようになったものがあります。何だか知っていますか」
と聞いた。子どもたちからは，すぐに
「レジ袋だ」
という反応があった。

レジ袋の有料化は，コンビニエンスストアなどにも適用される子どもの身近にある話題なので，ほとんどの子どもが知っていた。

続けて，有料化の理由について尋ねた。

❶レジ袋は，なぜ有料化されるようになったと思いますか。

・材料が環境によくない。
・海や川に流れていき，魚が食べてしまう。
・マイバッグの方が何回も使えて環境に優しいから。

ある程度発言を出させた後，カメや魚がレジ袋を食べてしまっている写真を数枚提示する。

子どもは，レジ袋が分解されずに海を漂い，生き物に悪影響を及ぼしている現状を知り，「ひどい！」「レジ袋は環境に悪い」と次々に

声をあげた。

「では，レジ袋は，なぜ開発されたのかな」と聞くと，子どもは「なんでだろう？」という表情になった。そこで，次の発問をした。

❷レジ袋はどの国が発祥で，最初は何のために作られたと思いますか。

・アメリカ，便利なものを作るのが得意，ごみを入れるため。
・中国，たくさん作るのが得意，スーパーの買い物のため。
・フランス，最初はおしゃれだった。

ここは，自由な発想で予想し，発言させていった。授業の開始10分間で，できる限り多くの子どもから発言やつぶやきを引き出す問いをすると，その後の発言も増えていく。

考えが出尽くしたところで，NHK番組「チコちゃんに叱られる！」より「レジ袋は何のために作られたか」，袋メーカーの3代目社長による話の概要を紹介した。

「レジ袋を開発した元祖は，袋メーカー中川製袋化工株式会社。1967年，ミニスカートとストッキングがブームになりました。

この時代のお買い物で物を入れるのは竹で編んだカゴでした。多摩川のナシ園でミニスカートにストッキング姿で梨狩りを楽しんでいた女性が竹カゴが擦れてストッキングの伝線が多発。当時の物価は，うどん1杯約30円，ストッキング1足約400円ぐらいでした。

竹カゴに代わる物を作ってほしいというナシ園の依頼を受け，梨を入れる袋を開発し，1969年に実用新案登録。それは現在のレジ袋とほぼ同じでした。新しい袋は，ナシ園でもストッキングが破れなかったそうです。

最初は，梨を入れるための袋でしたが，その後，スーパーマーケット業界でも梨を入れる袋が知られるようになりました。

強くて丈夫，水濡れしてもOK，かさばらないという利点からレジ袋に使用されはじめて，現在も使われています」
と発祥は日本で，ナシ園で使われ始めた事実を確認する。さきほどの発問❷では，子どもから出されなかった答えだった。

子どもは，未知の事実と出合うのが大好き

である。教材を配付して各自に読ませると，読みのスピードが異なるため，「へー！ そうなんだ」と驚いたり納得したりするタイミングがずれてしまう。配らずに教師が話して，反応を見ながら進めていくことで，全員が未知の事実に出合う瞬間を共有することができた。

子どもの興味が高まってきたところで，ここから揺さぶっていく発問（0か100かの発問）をしていく。

ここが十八番！

子どもにじっくり考えさせたい場面では，あえて0か100かに注目させた極端な発問を続けて重ねていき，大きく揺さぶる。子どもより先に，きれい事やうわべだけの意見を発問に取り入れることで，子どもの本音を引き出すことができる。

❸レジ袋が有料になれば，（レジ袋に関する）環境問題は解決しますか。

挙手で確認したところ，する（5人），しない（35人）という結果だった。理由として，次の意見が出された。
＜解決する＞
・レジ袋を作る数が減れば環境的にいい。
・有料になれば，捨てるのがもったいなくなってくるから。
＜解決しない＞
・有料でも捨てる人は捨てる。
・レジ袋が問題なんじゃなくて，レジ袋を捨てる人が問題だから。
子どもは次第に，環境に対して悪いのは物ではなく，使う人であることに気づき始めている様子だった。そこで，「レジ袋をまったく使わなければいいのか」という論点で，さらに話し合いを続けた。

❹マイバッグを使えば，（レジ袋に関する）環境問題は解決しますか。

・レジ袋がごみになることは，防げる。
・でも，マイバッグもすぐに捨てれば一緒。
・レジ袋を捨てるような人は，レジ袋の代

わりの物も捨てるかもしれない。

マイバッグは，全員の家庭にあるようであった。そこで，マイバッグを何回使うとレジ袋より環境に優しいか，予想をさせた。子どもは，「10回」「20回」と予想した。

その後，教材2を読み聞かせた。マイバッグも50回以上使わないと，効果がないことを伝えると，
「やっぱり，そうだよな」
というつぶやきが聞こえてきた。続けて，教材3を読み聞かせた。

その後，次のように問いかけた。

❺レジ袋は環境に対して悪者ですか。

・やっぱり，レジ袋の問題じゃなくて，使う自分たちの問題。
・レジ袋を作っている人たちも自分たちが悪者みたいに思ってしまっていそうでかわいそう。悪いのは作った人ではない。
・せっかくのいい部分が，使う人によって悪い部分になることがわかった。

ここまでの話し合いを通じて，子どもは，環境問題の原因は，物ではなく人間の行為にあることに気づくことができた。

最後に，次の指示で授業のまとめを記述，発表させた。

❻今日学んだなかで，自分にできる環境問題対策を書きましょう。

・面倒くさいと思わずに，かごやバッグを持っていきたい。
・自分一人だけが守ってもしょうがないと思わずに，まず自分から環境を考える行動をしていきたい。

1週間後，授業を受けて変わったことがあるか聞くと，「家で授業のことを話して，レジ袋をもらわないようにした」「レジ袋は何回も繰り返して使うように意識している」など，自分にできる環境問題対策をしている子どもが多くいた。

●**教材1** レジ袋が環境に影響を与えている写真

カメがレジ袋を食べている写真

魚がレジ袋を食べている写真

参考：World Wide Fund for Nature（世界自然保護基金）ホームページ
日本財団ジャーナルホームページ

●**教材2** レジ袋とマイバッグのどちらが環境に優しいか

　　レジ袋とマイバッグの1枚あたりのCO_2排出量を算出・比較した日本LCA学会の研究発表会における報告「環境配慮行動支援のためのレジ袋とマイバッグのLCA」によると「買い物回数50回未満ではレジ袋より負荷が大きいが，それ以降では常にレジ袋よりも小さいCO_2排出量で買い物をすることができる」としている。

日本LCA学会「環境配慮行動支援のためのレジ袋とマイバッグのLCA」より

●**教材3** レジ袋有料化についてのコラム
「夕歩道」 中日新聞夕刊　2020年7月4日

> 　有料化が，義務付けられたレジ袋。実は日本発。ナシ園でナシ狩りに使ってもらう竹かごが，女性客のストッキングに引っ掛かるという"事故"が続発。代替品として，考え出されたものだった。
> 　ナシ園から世界に広がり，重宝された。買い物かごを片手に掛けて，鮮魚店や青果店をのぞく主婦の姿も，今は昔，レジ袋を両手に提げて，コンビニから出てくる老若男女—。新しい生活様式に。
> 　手軽で丈夫，そしてタダ…。レジ袋普及の理由。ところが今や，すべてが一変，あだとなり—。タダゆえに，ポイ捨てされて川に流され，丈夫ゆえ，いつまでも海を漂う。困り果てての一枚五円。

**所見
文例**

◆ この授業で この言葉を ◆

> 　「レジ袋から環境問題を考える」をテーマにした学習では，便利なものでも使う人の行動次第で，環境によくも悪くもなることに気づき，自分にできる環境問題対策について，友達と意見を交流させることができました。（自己の生き方）

（愛知県　栁田一帆）

3.新幹線

<関連する主な内容項目>　C　勤労，公共の精神

スイッチ一つで電気が使える。レバー一つで水道の蛇口から水が出る。

こんな当たり前のことが，実は当たり前ではないのです。普段私たちは，何不自由なく生活しています。そんな私たちの生活を支えているのは，多くの人たちの努力と苦労です。鉄道もそうです。時間通りにきちんと電車が走る。それを支える人たちの努力と思いを，新幹線，特に目立たない，保線作業員さんたちに焦点を当てて，授業を構成しました。子どもたちに「働くとは」を考えさせる授業です。

教材　・「自分たちがやる！『安全』と『みんなの生活』を自分たちが守る！」
（授業者が取材をもとに作成）

写真提供：産経新聞社

これぞ
エース級の実力！

■ 意表を突く事実から感じ取る人々の努力

　日本の新幹線は，「安全」「正確さ」「速さ」の3つを世界最高レベルで開業以来維持しています。他の国々との比較を示し，日本の新幹線が，他国を圧倒する高い水準であることを知ります。子どもたちの知らなかった事実から，それを維持していく努力や苦労を子どもたちは感じます。

■「働くことの意義」を自らの考えから導く

　働く理由には，お金を稼ぐためというものもあるでしょう。しかし，それだけではないはずです。お客さんのため。自分の誇り。喜んでくれる人たちのため。そこから芽生える，やりがい。そんな仕事をする意義を，保線作業員さんの仕事ぶりから学びます。終盤，日ごろの自分に目を向けさせます。係活動や委員会活動など，どのような気持ちで取り組むか，考えさせることもできます。

指導目標

目立たない仕事の大切さを知り、働くことの意義を考え、みんなのために働こうとする意欲を養う。（道徳的実践意欲）

準備するもの

・教材「自分たちがやる！『安全』と『みんなの生活』を自分たちが守る！」（p.146掲載）（配付用）
・「新幹線」「保線作業の様子」の写真（提示用）
　※インターネットより入手可能

授業の実際

```
O
O
```

テレビに、パソコンで作成した「2つの0」の画像を映した。子どもたちからは、「0が2つだ」「何だろうね」という声が聞こえた。それらの声につなげて、次の発問をした。

❶この数字は何の数字でしょう。

これだけではわからないので続いて「0」の後ろに「秒」「人（にん）」という単位をつけた。

子どもたちからは、
「どこかに入場する制限時間と人数かな」
という声が聞こえた。

次に、新幹線の画像を見せ、0秒は「東海道新幹線の1年間のすべての電車の平均遅延時間」、0人は「今までの死亡事故者数」であることを知らせた。

正確には、平均遅延時間0.9分（自然災害による実施含む。2018年度実施）、事故による死者0人（共に「JR東海アニュアルレポート2019」より）である。他にも、次の情報を画面で提示して子どもに知らせた。
　・全国には、北海道、九州、東北など、9路線がある。
　・1日に日本中で約1100本運行、ほぼ1分に1本運行

※授業者が時刻表で確認
　・ドイツのICEは、ほとんどが10分から20分遅れ。1998年に110人の死亡事故
　・フランスのTGVの約4本に1本は30分程度の遅れ。2015年に10人の死亡事故
　※ICEとTGVの遅延は授業者の知人の旅行業者からの話
日本の新幹線の時刻の正確さと安全性は、
　・最新の車両
　・総合指令所による万全の運行システム
　・優秀な運転手さん、乗務員さんたち
で支えられていることを話した。
ここで、次の発問をした。

❷日本の新幹線が安全で正確な理由が他にもあります。それは何だと思いますか。

　・厳しい規則があるから。
　・みんなが気をつけているから。
という意見が出た。

意見が他にないことを確認して、それは、
【　保線作業員さんたちの働き　】
であることを子どもに伝えた。その際、インターネットで入手した著作権フリーの画像を提示した。

ここが十八番！

すべてを初めから子どもに伝えず、子どもにもいくつか考えさせる。その後、子どもたちにとって意外な内容を提示する。今回、運転士や車掌ではなく、目立たない線路工事を取り上げた。意表を突く題材を提示することで、子どもは、授業の内容に、より一層興味をもつ。

保線作業には次の内容があることをテレビ画面に文字で映して提示した。
　・線路交換
　・架線交換
　・バラスト（石）の交換
　・落下物除去
　・毎朝の安全確認
　・（冬）雪をとりのぞく。（夏）雷への対応

さらに，これらのことを，決められた時間までに行うことを画面で知らせた。

この他に，どんな大変なことがあるかを子どもに尋ねたところ，

・外の仕事で暑かったり寒かったりする。

・重いものを運んだりする。

などの意見が出た。

さらに，新幹線のレールの長さが1000m以上に達する場合もあることを知らせた（『新幹線スペシャルガイド』実業之日本社より）。

長さが実感できるように，「私たちの学校の校舎の長さの10倍ぐらいです」と話した。

また，そのつなぎ目や設置場所のズレは，ミリ単位の厳しい基準値を必ず守らなければいけないこと，素早さと正確さが必要な仕事であることを伝えた。

ここで，146ページ掲載の教材の〈 前半 〉を読み聞かせた後，次の発問をした。

❸こんなに大変な仕事なのに保線作業員さんたちが，この仕事を続けられるのには，どんな思いがあるのでしょう。

子どもたちからは，

・みんなが困るから。

・電車をきちんと走らせたいから。

・事故が起きてはいけないから。

という発言があった。

次に教材を配付し，〈 後半 〉と作業員AさんとBさんの話を範読した。

読み終えた後，

「先生の知っている言葉に，このお話ととても関係がありそうな，こんな言葉があるんだ」と言って，書家・詩人の相田みつをさんの次の言葉をテレビ画面に映して提示した。

花を支える枝
枝を支える幹
幹を支える（　）
（　）はみえねんだなあ

子どもたちは，声に出して読んでいた。読み終えて，静かになったところで，

「（　）には，どんな言葉が入るでしょうか」

と尋ねた。

すると，多くの子どもが「根」と答えた。

（　）の中に「根」を入れてみんなで音読した後，次の発問をした。

❹保線作業員さんと「根」で共通していることは何だと思いますか。

まず，ワークシートに自分の考えを書かせてから発表させた。

・目立たないところで大切な働きをしている。

・なくてはならないもの。

・大変なことを黙々とやり続けていること。

・みんなのためにがんばって働いているところ。

これで盤石！

保線作業員さんの仕事を植物の根にたとえて考えることで，子どもたちは，目立たない場所で真摯に仕事に打ち込む人たちの存在に気づく。そして，自分もそんな気持ちで責任を果たそうとする意欲をもつようになる。

---

❺あなたにできる「根」のような働きに，どんなことがありますか。

・自分の係の仕事をしっかりやる。

・落ちているごみを毎日一つは拾う。

・落とし物に気づいたら拾ってその人のところに戻しておく。

この後，感想を書かせて授業を終えた。

ある子は，

「正確で，事故の死者0。日本の新幹線は最高。保線作業員さんのおかげで，みんなが安心して電車に乗れている。ありがとう」

と書いていた。

●**教材** 「自分たちがやる！『安全』と『みんなの生活』を自分たちが守る！」（授業者が取材をもとに作成）

〈前半〉

　深夜。大きな機械音が鳴り響く。そんななか，作業着に身を包んだ人たちが，てきぱきと，そして丁寧に作業を行っている。

　ここは，軌道敷地内。そう，電車の線路上だ。深夜に大きな音を立てるため，騒音対策にも気をつかう。そして，重労働。体力的に大変キツイしごとだ。機械化が進んだとはいえ，手作業も多い。何十キロもある機械を運ぶ。とても重い枕木を移動させる。バラスト（石）を取り除く作業。それらをてきぱきと決められた時間内で終わらせなければいけない。

　どうしても作業上の都合で，昼間に工事を行う場合もある。特に，夏は大変だ。線路上は気温50度にもなる。立っているだけで，めまいがするほどだ。そして冬の寒さ。これも大変，体にこたえる。カイロを何枚はっても効き目がない。

〈後半〉

保線作業員さんの話

　私たち保線作業の仕事は，非常に地味で，かっこいい仕事ではありません。台風でも雪でも現場には出なければなりませんし，夏の暑さや冬の寒さもつらいです。でも，私たちが線路を整備することで，電車が安全に走れて，さらに乗り心地もよくなったりする。そうして初めてお客様の笑顔も守れるのです。そう実感しているから，すごくやりがいのある仕事だと思っています。そして，特にうれしいのは，実際にこんな声を聞くことです。それは，台風などで被害を受けた線路を早く直して，お客様からいただく「早く復旧してくれてありがとう」という感謝の声です。達成感やこの仕事のやりがいを感じます。

作業員Aさん

　たまたま仕事で，昼間に線路の工事をしていたとき，遠くから「すげぇ！」って声が聞こえてきたんです。なんだ？　と思って振り返ると，線路脇のフェンスの近くからこっちに向かって手を振っている男の子がいました。運転士さんや駅員さんみたいに，みんなから憧れをもたれるような華やかな仕事じゃないかもしれないけれど，やっぱり，自分の仕事を「すげぇ」って思ってもらえるってうれしいんです。それに自分たちの仕事がないと列車はまともに走れません。そういった意味ではやりがいもあるし，きつくても続ける価値はあると思いますよ。

作業員Bさん

　鉄道工事では，時間との勝負です。万が一列車を遅らせたら，何万人という人々に影響が出てしまうからです。でも逆を言えば，何万人もの人々の足を支えているということになります。この仕事をするようになってから，交通機関を守る責任というか，使命感を感じるようになりましたね。現場ではきついこともたくさんありますが，それを乗り越えたときの快感がたまらないです。

所見文例 | ◆ **この授業で この言葉を** ◆

　「働くことの意義，大切さ」をテーマにした学習では，新幹線などの保線作業員さんの仕事に臨む姿から，これからの自分の仕事などに対して，どんな気持ちで臨んだらよいかを考えることができました。（自己の生き方）

（愛知県　伊藤茂男）

4.ひらがな・かたかな
～ 日本の文字について考えよう ～

<関連する主な内容項目>　C　伝統と文化の尊重，国や郷土を愛する態度

　1年生になると，国語でひらがな・かたかな・漢字の順で文字の学習を行います。子どもたちは，ひらがなが書けることに喜びを感じ，さらに，かたかな・漢字を学ぶことにワクワクドキドキします。日本のように，ローマ字を加えると4つの文字を用いる国はまれだと言われています。この文字の豊かさと先人が文字を生み出してきたことを知ることで，子どもたちに日本語の豊かさ・美しさに気づかせ，文字を大切にしてほしいと考えました。

教材 ・**ひらがな表・かたかな表**
　　　・**ひらがな由来表・かたかな由来表**

わ	ら	や	ま	は	な	た	さ	か	あ
	り		み	ひ	に	ち	し	き	い
を	る	ゆ	む	ふ	ぬ	つ	す	く	う
	れ		め	へ	ね	て	せ	け	え
ん	ろ	よ	も	ほ	の	と	そ	こ	お

ワ	ラ	ヤ	マ	ハ	ナ	タ	サ	カ	ア
	リ		ミ	ヒ	ニ	チ	シ	キ	イ
ヲ	ル	ユ	ム	フ	ヌ	ツ	ス	ク	ウ
	レ		メ	ヘ	ネ	テ	セ	ケ	エ
ン	ロ	ヨ	モ	ホ	ノ	ト	ソ	コ	オ

これぞ
エース級の実力！

■ 日本の文字の豊かさ・すばらしさに気づかせる

　毎日読み書きしている文字・ひらがなとかたかなは，子どもたちにとって，最も身近な日本の伝統と文化といえます。日本人は，漢字からかたかなとひらがなを生み出し，今に至るまで長く活用しています。文字の生まれた起源を知ることを通して，その豊かさ・素晴らしさに気づかせ，日本語を大切にしていこうとする子どもを育てたいと思います。国語を中心に学び，毎日読み書きする文字だからこそ，道徳授業で扱うことにより，わが国の文化に親しみ，愛着をもつことにつなげることができます。

■ クイズで楽しく・意外性を大切に

　低学年の授業なので，クイズを取り入れます。「3つの文字のうち，一番早くできたのはどれでしょう」「ひらがな・かたかなはどのようにつくられたでしょう」など，ひらがな・かたかな・漢字について，楽しく知ることができるように工夫しました。習う順番とできた順番が異なる意外性を含んだクイズです。漢字を習い始めたころにぜひ実践してほしい授業です。

指導目標

ひらがな・かたかなの起源を知ることを通して，日本人が工夫して文字を作ってきたことがわかり，わが国の伝統文化に親しむ態度を養う。（道徳的態度）

準備するもの

・教材 ひらがな表・かたかな表（提示用）
・教材 ひらがな由来表・かたかな由来表（提示用）

授業の実際

導入で，ひらがな・かたかなを比較させ，文字の形に興味をもたせる。

❶みなさんは，ひらがな・かたかな・漢字を習いましたね。ひらがなとかたかなの表を見て気がついたことがありますか。

気づいたことを自由に発言させる。
・似ている字がある。「も」と「モ」とかが似ている。
・ひらがなは丸い感じ。かたかなは，かくかくしている。
発言が出尽くしたところで，
「今日は，いつもみんなが読んだり書いたりしている文字についてクイズを出していきます。みんなで考えていきましょう」
と話した。
子どもたちは，
「クイズ，楽しそう」
と学習への意欲を見せた。

【 クイズ1 】

習った順番は，ひらがな→かたかな→漢字ですが，3つの文字のうち，一番早くできたのはどれでしょう。
（1）ひらがな
（2）かたかな
（3）漢字

正解だと思う番号に挙手させた。
・ひらがなだと思う。最初に習ったから。
・漢字かな。
正解は「漢字」であることを伝えた。多くの子どもたちが，最初に習ったひらがなが初めにできたと考えていたので，びっくりした様子だった。
「大昔中国でできたこと」「日本に二千年前くらいに伝わったこと」「ひらがなとかたかなは，千二百年前ごろ，日本で別のやり方で作られたこと」を説明した（ひらがな・かたかなの起源には諸説あり）。
すると，
「ひらがなは，どうやってできたのかな」
「かたかなは，どうかな」
というつぶやきがあった。
そこで，
「なるほど，ではそれをクイズで考えましょう」
と話し，第2問へつなげた。

【 クイズ2 】

ひらがなの「あ」のもとになった漢字は，どれでしょう。
（1）亜　　　（2）安　　　（3）阿

子どもたちからは，
・どれかな。難しい。
・形を見てみると，「安」かな。
という声が聞こえた。
ここは，あまり時間はかけずに，
「正解は，『（2）安』です」と言うと，
「当たった。ちょっと形が似ているから」
「間違ったけど，面白い」
などの発言があり，盛り上がった。

ここが十八番！

低学年の道徳では，クイズで楽しさを演出したい。全員が参加できるように3択問題を取り入れる。子どもたちの予想に反するような答えを用意することで，ぐっと授業への集中度を増すことができる。

ひらがなは，漢字を崩して作られたことを，次の表を提示して説明した。

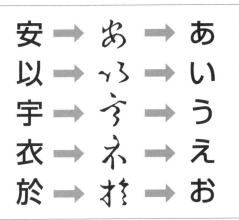

「だんだん変身してきたね」
「簡単な字になってきたんだね」
「線がつながったみたい」
などのつぶやきがあった。
「では次に，かたかなのできかたはどうでしょう」
と話して次のクイズへ進んだ。

【 クイズ3 】
アイウエオはこの漢字から作られました。どんなふうに作られたでしょう。比べて見つけましょう。

子どもたちは，しばらく考えていたが，口々に「あ，わかった」と，漢字の中からかたかなを見つけ出していった。この後，かたかなは，漢字の一部をもとにして作られ，ひらがなもかたかなも日本人が工夫して作った文字であることを話した。
子どもたちから，
「漢字がお兄さんだね」
という素敵なつぶやきがあった。

❷自分の好きなひらがなとかたかなを1つ選んで，どのようにして文字になったか，ワークシートに書きましょう。

ひらがな由来表・かたかな由来表を提示し，好きな文字とそのもとになった漢字を書かせた。1年生では，情報量が多い場合は，ア行とあ行のみ提示して書かせたり，自分の名前の中の1文字を選ばせたりするのもよい。
子どもたちは，2つの文字を比べながら書き，他の字も書いてみたいと意欲的だった。

❸今日の学習で思ったことやこれからの生活に生かしたいことを教えてください。

・ひらがなやかたかながどうしてできたかわかったよ。
・ひらがなもかたかなもいい字だな。
・ひらがなとかたかなを作ったのがすごいと思った。
・漢字が最初だったことがびっくりした。

最後に，漢字・ひらがな・かたかな・ローマ字と4種類の文字をもつ国はとても珍しいことを伝え，日本の文字を大切にしてほしいという教師の願いを話して，授業を終えた。

●板書例

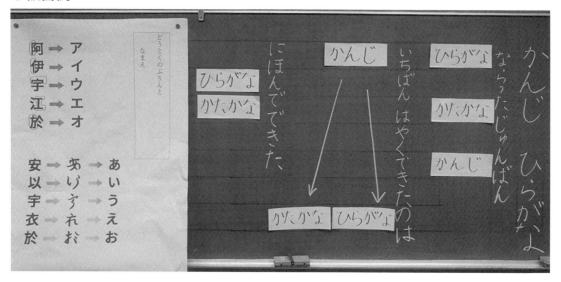

●教材　ひらがな由来表・かたかな由来表

ひらがな由来表（右から左へ読む）

无	和	良	也	末	波	奈	太	左	加	安
ゑん	和わ わ	良らら	也ゆや	末まま	波はは	奈なあ	太たた	左さき	加かか	安ああ
	為ゐゐ	利利り		美み武	比比ひ	仁にに	知知ち	之しし	機ゑき	以ろい
		留るる	由ゆ由ゆ	武むむ	不ふふ	奴ぬぬ	川つつ	寸すす	久くく	宇うう
		礼れれ		女めめ	部へへ	祢ねね	天てて	世せせ	計けけ	衣ええ
	恵ゑゑ	呂ろろ	与よよ	毛もも	保ほほ	乃のの	止とと	曽そそ	己ここ	於おお
	遠をを									

かたかな由来表

コ 己	ケ 介	ク 久	キ 幾	カ 加
ト 止	テ 天	ツ 州	チ 千	タ 多
ホ 保	ヘ 部	フ 不	ヒ 比	ハ 八
ヨ 与	エ 恵	ユ 由		ヤ 也
ヲ 乎				ワ 和 井

ア 阿	イ 伊	ウ 宇	エ 江	オ 於
サ 散	シ 之	ス 須	セ 世	ソ 曾
ナ 奈	ニ 二	ヌ 奴	ネ 禰	ノ 乃
マ 末	ミ 三	ム 牟	メ 女	モ 毛
ラ 良	リ 利	ル 流	レ 礼	ロ 呂
ン				

所見文例

◆ **この授業で この言葉を** ◆

　「日本の伝統と文化」をテーマにした学習では，ひらがな・かたかなが漢字からできたことに驚き，日本の文字の素晴らしさに気づいて，日本語を大事にしたいという思いを発表しました。（道徳的諸価値の理解）

（新潟県　大淵栄子）

5.ウルトラマンを
つくったひとたち

<関連する主な内容項目>　B　感謝

　昭和の時代，テレビの前の子どもたちを熱中させた特撮ヒーロー「ウルトラマン」。そんな特撮ヒーロー「ウルトラマン」の撮影の裏側を知ることができる絵本に出合いました。監督やキャメラマン，役者，操演，作画技師など，なかには日ごろ馴染みのないような役割を担う人の活躍まで，詳細に描かれています。

　絵本に込められた作者の思いをきっかけに，自分の身の回りで活躍する人へ目を向けさせ，感謝の気持ちをどのように表すか，自分にできることを考えさせていきます。

教材　・『ウルトラマンをつくったひとたち』
飯塚定雄：作・絵　田端恵・幕田けいた：作
（偕成社）

これぞ
エース級の実力！

■「彼らの存在を伝えたい」〜作者の思いへの共感から〜

　作者である飯塚定雄さんは，絵本を作成した理由を次のように語っています。
「……ボクがこの本で言いたいのはさ『ウルトラマン』はもちろん，あの時代の特撮の現場はね，もうほんとうにたくさんの職人がいて（中略）そういうやつらの名前はいま決して前に出ないんだ。（中略）オレはさ，あいつらのためにこの本を描いた，そういうわけなんですよ」。作者の思いにふれることで，自分の知る"決して前には出ないけれど活躍している人たち"を自分も探そうと子どもたちが動き出していきます。

■ 子どもの思いをもとに，伝え合う場をつくる

　授業終盤で，「あなたの心のなかにいる活躍を伝えたい人」を考えさせます。表には出ていないけれど，心のなかに他者の活躍する姿を確かに実感したとき，子どもたちは他者の活躍の姿を伝えたいという思いをもつでしょう。
　授業の最後は，子どもからの提案をもとにして，他者のよい姿を伝え合う温かい時間をつくっていきます。

指導目標

　「ウルトラマン」は画面に映らないさまざまな人々の尽力があってつくられたことを知り，自分の身の回りで人知れず活躍する人の存在に目を向けて，感謝の気持ちを伝えようとする意欲を高める。（道徳的実践意欲）

準備するもの

・教材『ウルトラマンをつくったひとたち』（提示用）

授業の実際

　授業開始と同時に，絵本の表紙を一部隠して提示した。

❶何をつくった人たちでしょう。

　子どもたちは興味津々な様子で，次々に挙手をして答えた。
　　・家
　　・ビル
　　・映画
　　・CM
　　・武器
どれも「なるほど」と聞いて受け止めた。
イラストをヒントにした考えには，
　「資料をよく見ているね」
と認める言葉がけをした。
　数人に意見を聞いた後，表紙のすべてを提示すると，突如現れた「ウルトラマン」に子どもたちはとても驚いていた。
　「絵本には，どのような人たちが出てくると思いますか」
といって想像させると，わくわくした表情で子どもたちが「早く知りたい！」と言った。
　そこで，以下のAからEの人物について，まずはイラストのみを提示し，「何をしている人でしょうクイズ」を実施した。

A	監督さん
B	キャメラマンさん
C	役者さん
D	操演さん
E	作画技師さん

　子どもたちは，AやB，Cではすぐに挙手して正解を出していた。しかし，ほとんどの子がDやEの人物については知らず，「何をしているんだ？」という声があがった。
　そこで，
　「どんな活躍をしている人だろうね。絵本の中から見つけてみよう」
と言って，絵本を読み聞かせた。子どもたちは，食い入るように絵本の読み聞かせを聞いていた。

ここが十八番！

　絵本への興味を最大限に高めてから読み聞かせる。導入での子どもの「知りたい」「読みたい」という強い思いが，道徳授業への主体的な態度となり，授業中盤の議論につながっていく。

　読み聞かせの後，次の発問をした。

❷ウルトラマンをつくった人たちを知らなくても，ウルトラマンを楽しめるのではないですか。

　〈A：知っておいた方がよい〉と〈B：知らなくてもよい〉という選択肢から選ばせ，議論をさせた。
　〈A〉は20人，〈B〉は12人が選んだ。
〈A〉
　・知っているからこそ，苦労もわかってより楽しめる。

・小さいころは知らなくてもいいが，大きくなったら，別の楽しみ方ができる。今は知っておきたい。
・がんばっている人は知っておくべき。
〈B〉
・知らなくても観るのを楽しめた。
・ウルトラマンを観る人は小さい子どもが多いから，知らなくてもいい。

　時間をみて議論を止め，「知らない」ことのよさも「知る」ことのよさもどちらも認める言葉をかけた。
　「この絵本の作者は，どんな思いで絵本を出したのかな」
と言って，飯塚定雄さんの写真を提示した。
　そして，絵本を描いた理由を1文ずつ読み聞かせて紹介した。

> ……ボクがこの本で言いたいのはさ『ウルトラマン』はもちろん，あの時代の特撮の現場はね，もうほんとうにたくさんの職人がいて，みんな心から一生懸命作っていたってことなんですよ。それはもう，はたから見てると，なんでそこまでこだわるのか作りこむのか，もうバカじゃねぇか笑，ってぐらいなんだ。それでさ，そういうやつらの名前はいま決して前に出ないんだ。そういうやつがいっぱいいたんだよ。オレはさ，あいつらのためにこの本を描いた，そういうわけなんですよ。
> （偕成社ホームページの「編集者より」から，一部抜粋）

　飯塚さんの考えを紹介した後，感想を聞いた。
・わざわざ絵本で紹介したいと思うほど，たくさんの人がウルトラマンの裏側で一生懸命だったことがわかった。
・せっかく一生懸命だったのに，このまま知られないままじゃいけないと飯塚さんは思ったのだと思う。

　感想が出尽くしたところで，子どもたちに自分のことを考えさせるために，次の発問をした。

❸あなたの心のなかには，「この人の活躍をぜひ伝えたい」と思う人の姿はありますか。

　じっくり振り返る時間を取り，伝えたい人の姿を道徳ノートに書かせた。すると，次のように書いている子どもたちがいた。
・この前，Aくんが学校に来てからロッカーの上を掃除していました。まだほとんどの子が来る前でした。
・Bさんが，この前廊下を歩いていて，蛇口から水が垂れているのに気づいて止めていました。
・この前，学校にボランティアの人たちが来ていて，休み時間に花壇の草取りをしてくれていました。
・うちのお母さんは，毎朝誰よりも早く起きて，朝ご飯を作ったり，ゴミを出したりしてくれています。

　「へえ，そんな人がいたんだ」と驚きの声をかけながら，机間巡視で一人一人の意見を確認した。

❹今思いついた"心のなかにいる活躍している人"のために，あなたにできることはありますか。

　子どもたちから次のような意見が出された。
・今，ここでみんなに紹介する。
・「ありがとう」の気持ちを言葉で伝える。
・「すごいね」とその人に言葉で伝える。
・飯塚さんのように紹介絵本をつくる。

　「今，ここで紹介する」という意見が出されたときに，「うんうん！」「今，伝えたい！」という声があちこちからあがったので，発表させる時間を取った。

これで盤石！

> 教師から発表を迫るのではなく，子ども自身の思いがもととなり，発表の時間が生まれた。互いのよさを伝え合ったり，他者のよい姿を共有したりする時間は，温かい雰囲気づくりにつながる。

　互いのよい姿を認め合う発言に，思わず笑顔になる子や，知らぬところでの身近な人の活躍に驚きの声があがるなど，教室が温かい雰囲気に包まれていった。
　最後に感想を書かせて授業を終えた。

●板書例

●**教材** 『ウルトラマンをつくったひとたち』飯塚定雄：作・絵　田端恵・幕田けいた：作（偕成社）

撮影されたフィルムの裏側で，どのような人たちがどのような仕事をして活躍していたのか，詳しく紹介されています。

所見文例

◆ **この授業で この言葉を** ◆

　「身近な人への感謝」をテーマにした学習では，特撮の現場で活躍したさまざまな人々の存在を知り，自身の身の回りにも目を向けて，活躍している人に感謝の気持ちを伝える方法を考えました。（自己の生き方）

（愛知県　古橋功嗣）

これぞ十八番！厳選　5実践

道徳って，やっぱりおもしろいね。道徳の勉強，大好き！

1. 妙なもの
2. レジ袋有料化から環境問題を考える
3. 新幹線
4. ひらがな・かたかな
5. ウルトラマンをつくったひとたち

　第Ⅱ部・最終章は，オリジナリティーあふれる道徳授業を5本集めました。

　2020年夏，コロナ禍のため，オンラインで開催した「第31回道徳のチカラ全国大会」で検討され，厳選された5実践です。それぞれの授業者の思いを感じ取ってください。

1. 妙なもの

　それまで誰も思いつかなかった新しいことをやろうとすると，必ず，それに反対する勢力が顔を出す。しかし，最初は「妙なもの」と批判されたことが，時代と共に認められていく。それは，『とっておきの道徳授業』シリーズの主張に共通する価値である。

　2021年夏に1年遅れの東京オリンピックが開催される予定（2021年2月現在）で，授業冒頭で提示する写真が，新国立競技場での100m決勝のスタート風景になれば最高だ。妙なものが新たな常識へと変わり，それが当たり前となる。それが，「真理の探究」の具現化である。

大日本印刷　ポスター
「イノベーションは，このような形で突如現れる。」
クラウチングスタート編

2. レジ袋有料化から環境問題を考える

　新しい品物の後ろには，その開発に関わった方々の願いや，開発のための企業努力がある。ナシ園と女性のストッキングと買い物用竹籠。レジ袋のルーツは，ここにあった。知的好奇心をくすぐられるエピソードである。

　プラスチックごみを減らすために，まず，レジ袋を減らそう。そのための有料化である。その理屈はわかった。しかし，レジ袋を悪者にしていいのか？　環境問題の根本を考えさせる問いが，子どもたちに投げかけられる。

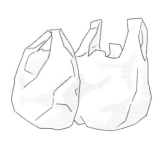

3. 新幹線

この原稿を書きながら，コロナが流行ってから，もうずいぶんと新幹線に乗っていないことを思った。しかし，保線作業員さんは，乗客の多い少ないにかかわらず，今日も，ご自身の仕事に誇りと責任感をもって取り組んでいる。

授業では，目立たない場所で真摯に仕事に打ち込む人たちの存在を「根」という言葉で示している。この言葉の象徴性が，学校生活の日常へと伝わり，子どもを「みんなのために働こうとする意欲の養成」へと効果的に導いていく。

写真提供：産経新聞社

4. ひらがな・かたかな

「伝統・文化」というと，何やら高尚な響きがあるが，実は，子どもたちの学校生活には，わが国の伝統文化がたくさんある。そのなかで，日本語（ひらがな・かたかな）について学ぶことも，大切な伝統文化の学習である。

本実践に対して，「国語科では？」という疑問の声もあるかもしれない。しかし，指導目標・内容項目とも，道徳科として明確に位置づけられている。または，道徳科と国語科に2分の1時間ずつ位置づけることも可能である。担任のカリキュラム・マネジメント力が生かされる実践である。

わ	ら	や	ま	は	な	た	さ	か	あ
	り		み	ひ	に	ち	し	き	い
を	る	ゆ	む	ふ	ぬ	つ	す	く	う
	れ		め	へ	ね	て	せ	け	え
ん	ろ	よ	も	ほ	の	と	そ	こ	お

ワ	ラ	ヤ	マ	ハ	ナ	タ	サ	カ	ア
	リ		ミ	ヒ	ニ	チ	シ	キ	イ
ヲ	ル	ユ	ム	フ	ヌ	ツ	ス	ク	ウ
	レ		メ	ヘ	ネ	テ	セ	ケ	エ
ン	ロ	ヨ	モ	ホ	ノ	ト	ソ	コ	オ

5. ウルトラマンをつくったひとたち

まず，ウルトラマンという題材が魅力的だ。ウルトラマン世代（という言葉があるのかどうかは定かではないが……）の教師は，それだけでワクワクしてくる。教師が楽しいのだから，当然，子どもにとっても楽しい授業になるはずだ。

「ウルトラマンをつくった人たちを知らなくても，ウルトラマンを楽しめるのではないですか」という発問❷がいい。賛成でも反対でも，自分の意見を言いたくなる。いずれの立場でも，子どもたちの思考は，作者・飯塚氏への思いへとたどり着く。

『ウルトラマンをつくったひとたち』
飯塚定雄：作・絵　田端恵・幕田けいた：作（偕成社）

（編著者　佐藤幸司）

おわりに

　『とっておきの道徳授業』シリーズが初めて世に出たのは，2001（平成13）年11月のことである。教室現場から発信される道徳授業の実践書として話題になり，新聞・テレビなどのさまざまなメディアで紹介された。以来，およそ年に1冊のペースで発刊を重ね，今回が小学校編18巻目（中学校編15巻目）となった。本シリーズは，21世紀の幕開けと共に，平成から令和の時代へと，子どもたちに届けたい道徳授業を，着実にそして大胆に主張し続けてきている。

　本シリーズには，1巻から17巻まで，それぞれ30〜35本の道徳授業記録が追実践可能な形で収められている。今回，新たに仲間入りした18巻30本の授業を加えて，計591本の小学校道徳授業記録が教育界の財産として蓄積されることになった。

　これらの授業は，現場の教師たちの手によって開発されたオリジナル実践である。いまだ新型コロナの終息が見えない毎日だからこそ求められる，珠玉の授業たちである。教室という最前線の現場から生まれた授業のメッセージを，ぜひ，日本中の子どもたちの心に届けてほしい。

　教育研究団体「道徳のチカラ」は，道徳教育の推進に熱き志をもつ教師の集いである。

　マスコットキャラクター「どーとくん」は，コロナにも負けず，ますます元気いっぱいだ。子どもたちが喜ぶ道徳授業づくりのお役に立てることが，「どーとくん」の願いである。

　「道徳のチカラ」では，優れた道徳授業記録を集め広めていく活動のほか，道徳教育全般における教育実践も視野に入れ，活動を展開している。現在，機関誌『道徳のチカラ』（年会費制）を購読している正会員と，ネット配信『総合・道徳教育メールマガジン』（無料）を受信している準会員，各地で開催しているセミナー（研修会）に参加している教師によって組織され，北は北海道・稚内市から南は沖縄・石垣島まで，日本中に同志がいる。

　子どもたちの幸せを願い，"これから"を生きる子どもたちにとって価値ある教師であるために学び続けていきたい。

　2021年2月　（心には ノー・ディスタンス……）

佐藤幸司

「道徳のチカラ」マスコットキャラクター どーとくんカード

「どーとくんカード」は, 子どもたちへの授業のためにご使用ください。

※「どーとくん」の著作権は「道徳のチカラ」(代表：佐藤幸司)にあります。
書籍やネット上への無断使用はご遠慮ください。

道徳授業書のベストセラー
とっておきの道徳授業　実践原稿の募集

『とっておきの道徳授業』シリーズは，現在，小学校編18冊，中学校編15冊が出版されています。内容をさらに充実させていくために，道徳授業の実践原稿を，年間を通じて募集しています。ぜひ，御応募ください。

募　集　要　項

1. 内　容　道徳授業の実践原稿
プランや指導案でもかまいません。
掲載が決まった場合は，実践を通した上で執筆していただきます。

2. 形　式　本書の各実践原稿の2〜3ページ（見開き）を参照
授業記録の書式は，A4判2枚，20字×40行の2段組です。
最初は，授業の内容がわかるものであれば，形式は問いません。
掲載が決まった場合は，規定の書式で執筆していただきます。

3. 送り先　編著者　佐藤幸司
原稿は，すべてメールでお送りください。
アドレス　s-koji@mwa.biglobe.ne.jp
「道徳のチカラ」の公式ウェブサイトからも，メールが送れます。
検索 ☞「道徳のチカラ代表　佐藤幸司」をクリック。
ワードまたは一太郎で執筆して，添付ファイルでお送りください。

4. その他　掲載原稿には，規定の原稿料をお支払いします。

『とっておきの道徳授業』シリーズに掲載してある教材を教科書に載せる場合は，必ず編著者・佐藤幸司に連絡をしてください。これまでも，多くの教材や授業展開例が無断で教科書や教師用指導書に転載されています。知的所有権に対して道徳的な手続きをお願いします。連絡をいただければ，もちろん道徳的に対応いたします。

[執筆者一覧（五十音順）]

赤坂　真二	新潟県	上越教育大学教職大学院	教授
猪飼　博子	愛知県	あま市立甚目寺南小学校	教諭
伊藤　茂男	愛知県	北名古屋市立白木小学校	教頭
伊藤　唯	千葉県	市川市立大和田小学校	教諭
大淵　栄子	新潟県	新潟市立濁川小学校	教諭
緒方　拓也	岡山県	津山市立鶴山小学校	教諭
櫻井　宏尚	福島県	元 福島県公立小学校	教員
佐藤　幸司（編著）	山形県	山形市立鈴川小学校	校長
佐藤浩太郎	神奈川県	桐光学園小学校	教諭

白石　和弘	熊本県	熊本市立託麻原小学校	校長
高木　千鶴	山形県	山形市立滝山小学校	教諭
高田　保彦	島根県	松江市立中央小学校	教諭
辻　志郎	愛知県	名古屋市立廿軒家小学校	教諭
土作　彰	奈良県	広陵町立広陵東小学校	教諭
広山　隆行	島根県	松江市立大庭小学校	教諭
古橋　功嗣	愛知県	刈谷市立東刈谷小学校	教諭
栁田　一帆	愛知県	名古屋市立廿軒家小学校	教諭
山田　洋一	北海道	恵庭市立和光小学校	教諭
渡邉　泰治	新潟県	新潟市立早通南小学校	教諭

（勤務先は2021年3月現在）

[編著者紹介]

佐藤幸司（さとう・こうじ）
山形県生まれ。山形大学大学院教育学研究科（道徳教育）修了。1986年より教職につく。
現在，山形県公立小学校校長。
教育研究団体「道徳のチカラ」代表。
＜主な著書＞
『WHYでわかる！ HOWでできる！ 道徳の授業Q&A』『道徳の授業がもっとうまくなる50の技』［以上明治図書］，
『プロの教師のすごいほめ方・叱り方』『クラスが素直に動き出す！ プロの教師の子どもの心のつかみ方』［以上学陽書房］，
『子どもを幸せにする「道徳科」』（共著）［小学館］，『道徳授業は自分でつくる』『とっておきの道徳授業』シリーズ
（編著）［以上日本標準］
E-mail s-koji@mwa.biglobe.ne.jp

[公式ウェブサイト（機関誌・メールマガジン申し込み）の紹介]

☆道徳のチカラ公式ホームページ　http://www12.wind.ne.jp/kaikaku/
　ヤフー等の検索ページで「道徳のチカラ」で検索すると，すぐ出てきます。最新情報が満載です。
☆道徳のチカラ機関誌（年会費制）
　上記公式ウェブサイトの「機関誌道徳のチカラ」をクリックして，申し込んでください。
☆総合・道徳教育メールマガジン（無料）
　上記公式ウェブサイトの「メルマガ申し込み」をクリックして，申し込んでください。
※本文中のURLなどは，2021年2月1日現在のものです。
JASRAC 出　2100659-101

これからを生きる子どもたちへ

とっておきの道徳授業18
実力はエース級　盤石の道徳授業30選

2021年3月25日　第1刷発行

編著者／佐藤　幸司
発行者／河野　晋三
発行所／株式会社 日本標準
　　　　〒167-0052　東京都杉並区南荻窪3-31-18
　　　　電話　03-3334-2640［編集］
　　　　　　　03-3334-2620［営業］
　　　　URL　https://www.nipponhyojun.co.jp/

表紙・編集協力・デザイン／株式会社 コッフェル
イラスト／タカミネシノブ
印刷・製本／株式会社 リーブルテック

◆乱丁・落丁の場合はお取り替えいたします。

ISBN 978-4-8208-0704-9